유진형 시집 Ⅲ

사랑나라 건설

유진형 시집 Ⅲ

사랑나라 건설

자유시가 시조와 한시와 그림으로 새 각도에서 다시 조명되는 시집

유진형 목사 시집

좋은땅

시 차례

1. 하늘 사랑 …………………………………… 10
2. 꿈 …………………………………………… 12
3. 네 번의 피 흘림 …………………………… 14
4. 당신은 봅니다 ……………………………… 16
5. 낙화 ………………………………………… 18
6. 기다림 ……………………………………… 20
7. 워십 댄스 …………………………………… 22
8. 거울과 나 …………………………………… 24
9. 비 오는 날 ………………………………… 26
10. 먼지 ………………………………………… 28
11. 사랑 불 …………………………………… 30
12. 강물이 흐른다 …………………………… 32
13. 참새 ……………………………………… 34
14. 노인 ……………………………………… 36
15. 세상과 자연 ……………………………… 38
16. 보디빌딩 ………………………………… 40
17. 천국은 어디에 …………………………… 42
18. 거지와 왕 ………………………………… 44
19. 소리 ……………………………………… 46
20. 시작과 끝 ………………………………… 48
21. 터미네이터 ……………………………… 50
22. 물 ………………………………………… 52

23. 비 ·· 54

24. 인간 ·· 56

25. 고난 ·· 58

26. 밤 ·· 60

27. 천지와 심신 ·· 62

28. 유관순 ··· 64

29. 아닌가요 ·· 66

30. 안 보이는 님 ·· 68

31. 갈대와 사슴 ··· 70

32. 유괴당한 자식 ·· 72

33. 님 잃은 가슴 ·· 74

34. 무지개 동산으로 오라 ··· 76

35. 헛되도다 ·· 78

36. 소나무 ··· 80

37. 나 혼자다 ··· 82

38. 위를 보아라 ··· 84

39. 가시는 님 ··· 86

40. 산에 피는 꽃 ·· 88

41. 잔디밭 ··· 90

42. 러브스토리 ·· 92

43. 춘향 신심 ··· 94

44. 살고 싶다 ··· 96

45. 물이 삶이다 ··· 98

46. 소유와 사랑 ·· 100

47. 어서 오르자 ·· 102

48. 사자 ·· 104

49. 세 망령 ·· 106

50. 조신의 꿈 ··· 108

51. 역사 한 줄 ··· 110

52. 수석의 향수 ··· 112

53. 나의 삶 ·· 114

54. 참으로 좋다 ··· 116

55. 밤과 하늘 ··· 118

56. 시서화의 기쁨 ··· 120

57. 나의 가을 ··· 122

58. 봄날의 바램 ··· 124

59. 여기가 거긴가 ··· 126

60. 이별의 눈물 ··· 128

61. 내 고향 ·· 130

62. 사랑나라 건설 ··· 132

시인의 말

　47년간 거의 반세기 동안의 목회를 하나님 은혜 중 잘 마치고 정년 은퇴한 후 앞으로의 여생을 어떻게 보낼까 기도하며 깊이 고민하였습니다. 그동안 목회 설교를 통해 자신과 교인들의 신앙과 사랑 성화를 끌어올리는 데 주력해 왔는데 그것을 결코 멈출 수는 없다고 생각했습니다. 그런데 그것을 지속해 더욱 심화시킬 수 있는 길을 하나님이 알려주셨습니다. 그것이 바로 詩書畵의 길입니다.
　다윗의 시를 보면 하나님 사랑의 신앙이 철철 흘러넘칩니다. 다윗은 그렇게 시를 짓고 또 그걸 악기 연주로 노래하면서 그의 신앙과 사랑 성화를 끌어올려 구약 최고의 성군이 되었던 것입니다. 나에게도 이미 비슷한 은사가 주어져 있었습니다. 청소년 시절부터 시를 짓고 또 글 쓰고 그림 그리는 것을 좋아했었습니다. 그동안 시간이 없어 제대로 못 했었는데 이제 본격적으로 시서화를 도모하며 다윗같이 신앙과 사랑 성화를 끌어올리며 심화시키기로 했습니다.
　목회 47년간 매주 설교 한 편을 즐겁게 창작하면서 나와 교인들의 신앙과 사랑을 끌어올렸었는데 이제는 매주 신앙 시 한 편을 즐겁게 창작하면서 신앙과 사랑을 더욱 끌어올리려고 합니다.
　그 일을 더욱 충실히 하기 위해 육안으로 보고 쓰듯이 자유시를 쓰고, 또 그 시를 멀리서 망원경으로 보고 쓰듯이 시조로 바꾸어 쓰고, 또 그것을 아주 가까이서 현미경으로 보고 쓰듯이 한시로 바꾸어 창작하기로 했습니다. 그리고 그렇게 육안과 망원경과 현미경으로 눈으로 보고 쓴 시를 다시 사진 찍듯이 서예 글로 쓰고 또 그걸 그림으로 그려서 삽화를 넣으려고 합니다. 그런 시서화 모든 심화 과정을 통하여 신앙과 사랑을 더욱 더욱 심화시켜 가려고 합니다. 이렇게 옛부터 세 가지가 한 세트인 시서화 창작을 하는 즐거움과 희열 가운데 신앙과 사랑을 끌어올리는 여생을 보내려고 합니다.
　그리고 제대로 시서화 창작을 하기 위해 춘천평생학습관과 학원 등에서 시와 서예와 그림을 공부하고 있고, 그러면서 시사문단지 자유시 신인상 등단과 한국문학예술지 시조 신인상 등단과 한시 신인상 등단도 이뤘습니다. 그리고 이번에 지난 1년간 쓴 시를 모아 시집을 내게 됐고, 앞으로 시서화 작품도 모아지게 되면 전시도 하게 되리라고 생각합니다.

 나의 목적을 보다 온전히 이루기 위해 나는 무엇 보다 시 창작의 원칙을 뚜렷이 세우고 모든 시를 만들고 있습니다. 첫째로, 天人地 사랑(하나님 사랑, 인생 사랑, 자연 사랑)이 담긴 시를 짓기로 했습니다. 무엇보다 하나님 사랑 곧 성화 심화를 위해서입니다. 그래서 매 시에 꼭 하나님 사랑과 신앙을 담도록 하고 있습니다. 둘째로, 기 승 전 결의 4연으로 전개되는 온전한 시를 짓기로 했습니다. 특히 시조나 한시는 기 승 전 결로 구성돼야만 하는 엄격한 규칙이 있기 때문입니다. 그리고 한시는 운과 평측 대우 등 지켜야 하는 많은 까다롭고 엄격한 규칙을 엄수하며 작시하고 있습니다. 셋째로, 시의 3요소를 확실히 갖춘 시를 짓기로 했습니다. 1) 사상성 곧 주제를 확실히 해 신앙 사상을 표현합니다. 2) 음악성 곧 리듬을 확실히 하기 위해 4행 4연의 시를 지으며 내재 리듬도 살립니다. 3) 회화성 곧 영상이 그려지는 시를 짓기 위해 다양한 비유 등 묘사에 주력합니다. 그러나 가급적 이해하기 쉬운 시를 지으려고 하고 있습니다.

 저는 오늘도 이러한 시서화 창작 작업을 하기 위해 아주 바쁩니다. 그리고 그 일이 아주 즐겁습니다. 그리고 그렇게 하면서 신앙과 사랑 성화를 끌어올리는 것이 너무 좋습니다.

 이 첫 번째 시집의 제목이 '시서화의 사랑'이고 본 시집의 첫 번째 시가 바로 '시서화의 사랑'이며 거기에 제가 이상과 같이 하고 있는 이유와 의미가 또한 잘 담겨 있습니다. 그 첫 시로부터 저의 모든 시를 잘 음미하며 읽으시는 모든 분들에게도 다윗 같이 신앙과 사랑이 더욱 더욱 심화되게 되시기를 기원합니다.

2023. 6. 5 유진형 목사

2집에서 덧붙이는 말

다윗의 시를 보면 대체로 모든 시의 결론은 항상 『하나님 찬양』입니다. 저의 시도 소재는 아주 다양하지만 모든 시의 결론은 항상 『하나님 사랑』입니다. 시를 지으면서, 시서화 작품을 만들면서 저의 목적은 항상 『하나님 사랑』 심화이기 때문입니다.

이번 2집에서는 시서화 그림 작품도 책 앞부분에 실었고 또 성전 본당 로비 한 켠에도 그것을 전시하는데, 감상하는 모든 이들도 신앙의 핵심인 『하나님 사랑』이 심화되기를 소원하는 마음입니다.

2024. 5. 23 유진형 목사

3집에서 덧붙이는 말

매 시마다 일관되게 필자가 정한 4대 기준에 맞춰 지난 1년간도 거의 매주간 한 편씩 시를 꾸준히 창작해 Ⅲ집을 내게 됐습니다. 저의 4대 기준은 ① 기·승·전·결 ② 天·人·地 ③ 사상성·음악성·회화성 ④ 하나님 사랑입니다.

이번 Ⅲ집에서는 자유시, 시조, 한시 등 모든 시 끝에 그 그림도 필자가 그려 실었습니다. 필자는 학생 시절부터 미술반에 들어가 그림을 배워 왔고 은퇴 후에는 전문 미술 학원에 1년간 열심히 다니며 그림을 배웠습니다. 그 후 수년간 계속해서 매주 3~4일간은 이 시서화의 그림을 그리는 즐거움에 푹 빠져 지내며 이 그림들을 그렸습니다. 그림도 보시면서 시를 감상하시면 더욱 풍성한 시 감상이 가능하리라 기대됩니다. 필자가 창작하면서 느끼는 즐거움보다 더 큰 즐거움이 독자들에게 있게 되시기를 바랍니다.

2025. 5. 22 유진형 목사

하늘 사랑 (자유시)   2024.5.22

땅 위의 자연 만물은
계절의 흐름 따라
지구가 도는 대로
강물처럼 흐르고 있다

인간 세상의 역사도
정치 경제 사회 문화도
정반합 법칙대로
구름처럼 흐르고 있다

다만 하늘 그분만은
그 흐름 있어도
학문과 예술과 종교로도
눈 뜬 눈뜬장님은 볼 수가 없다

허나 눈을 반쯤 감고 보면
삶의 현장에 그분 보이고
땅과 인간을 끌어안고 있는
하늘 사랑이 있다

하늘 사랑 (시조)

땅 위의 산천초목 흐름이 선명하고
인간의 세상 역사 흐름도 보이지만
하늘의 그분 사랑은 영안 떠야 보인다

天慈 (하늘 사랑/漢詩)
천자

坤狀示流移 　땅의 것은 흐름을 보이고
곤상시유이

世民告行姿 　세상도 운행 모습 알리는데
세민고행자

盲人不見昊 　맹인은 하늘도 못 보나
맹인불견호

靈眼觀天慈 　영안은 하늘 사랑을 본다
영안관천자

꿈 (자유시)   2024.5.29

쌓이고 쌓인 허무함 때문에 남아 있는
오직 한 가닥 집념 그 숙원이다
그 진한 바램과 주체하기 어려운 현실
둘 사이에서 잉태하는 어설픈 시간들

그 세월의 흐름은 너무나도 무의미한
생명을 갉아먹는 버러지
오늘도 고개를 들어 경련을 일으키며
다시금 기적을 기다리고 있다

길은 그곳뿐이 아니라고
스스로에게 타일러 때론 달래도 보지만
나 스스로도 어쩔 수 없는 기다림
한 맺힌 숙원 기적을 바라는 꿈

온 밤을 꿈속에서 그리다 못해
잠시 깨어나 낙서지에 그린 구령 사랑
나 스스로도 어쩔 수 없는 기다림
한 맺힌 숙원 기적을 바라는 꿈

꿈 (시조)

허무한 현실 속에 솟아난 영롱한 꿈
세월이 흘러가며 그 빛을 지우지만
도저히 안 지워지는 한이 맺힌 구령 꿈

夢 (꿈/漢詩)
몽

虛無産大夢　허무가 큰 꿈을 낳고
허무산대몽

歲月抹希望　세월은 그 바램을 지우나
세월말희망

獨自祈救援　나 홀로 구원을 기도하는데
독자기구원

全冥願太光　온 밤도 큰 빛을 원한다
전명원태광

네 번의 피 흘림 (자유시)　　　　2024.6.5

겟세마네기도 중 땀에 검붉은 고민 솟을 때
그가 징계를 받으므로 우리가 평화를 누리니
거룩한 불화 대신 당해 우리 화평 길을 여시고
축사 기적 때 불화 마귀 쫓아 평화 구원 주신다

채찍 맞아 등에 파인 고랑에 붉은 한 흐를 때
그가 채찍에 맞으므로 우리가 나음을 받으니
아픔 질병 대신 당해 우리 건강 길을 여시고
치유 기적으로 건강 구원 주신다

가시관 아래 곱던 얼굴에 붉은 슬픔 흐를 때
그가 찔림은 우리의 허물 때문이니
저주 가난 찔림 당해 우리 부요 길을 여시고
자연 기적으로 부요 구원 주신다

십자가에 달려 온몸의 붉은 사랑 다 쏟을 때
그가 상함은 우리의 죄악 때문이니
죗값 사망 대신 당해 우리 영생 길을 여시고
부활 기적으로 영생 구원 주신다

네 번의 피 흘림 (시조)

기도의 겟세마네 피 흘려 평화 주고
채찍과 가시관 피 건강과 부요 주며
십자가 대속의 피로 영생 구원 주신다

四回瀉血 (네 번의 피 흘림/漢詩)
사 회 사 혈

聖潔鬪盍滅戰爭　거룩한 갈등의 피가 불화를 없애고
성결투황멸전쟁
逐邪奇跡付和平　축사 기적이 평화를 준다
축사기적부화평
策蓇苦血除重病　채찍 고통의 피가 질병을 없애고
책과고혈제중병
治療役行許健精　치료 역사 기적이 건강을 허락한다
치료역행허건정
木棘刺榮捐乞困　가시 찌름의 피가 가난을 없애고
목극자영연걸곤
自然變革授賰城　자연 변혁 기적이 부요를 준다
자연변혁수춘성
極刑贖液驅亡死　십자가 대속의 피가 사망을 몰아내고
극형속액구망사
復活創人賷永生　부활 창조 기적이 영생을 가져온다
부활창인재영생

15

당신은 봅니다 (자유시)   2024.6.12

무성하던 푸르름이 누렇게 상해
다 떨어지고 한둘만 앙상한
허무한 계절을
당신은 나에게서 봅니다

햇빛 아래 오색찬란하고
영롱하게 아름답던 누리가
어둠 속에 다 지워진 황혼을
당신은 나에게서 봅니다

순수하고 귀여워 안아 주고 싶던
그러나 지금은 다 세속화돼
더러워진 내 영혼을
당신은 보고 외면합니다

허나 온 집안이 환호하며 다가와
새로 태어나는 아기를 반기는
내 거듭나는 날 되게
당신은 나를 긍휼로 덮습니다

당신은 봅니다 (시조)

푸른 잎 낙엽 되고 젊음이 황혼 되며
영혼도 더러워짐 당신은 보지만은
모든 것 긍휼로 덮어 중생하게 하신다

當身見 (당신은 봅니다/漢詩)
당신견

當身見落楓　당신은 낙엽을 보고
당신견낙풍

天地示黃昏　천지는 황혼을 보이며
천지시황혼

純粹彰汚惡　순수는 추악을 드러낼 때
순수창오악

主神蓋恕恩　주님은 용서로 덮으신다
주신개서은

낙화 (자유시)　　　　　　2024.6.19

꽃님은 눈 내리듯 떨어진다
그 웃음과 환호성은 너무 짧다
아름다움은 왜 이리 빨리 가나
떨어진 꽃을 피해서 밟는다

열매를 위한 낙화란다
안 떨어지면 흔해빠진 풀 같고
무가치한 식물 될까 봐
밀당하고 싶더란다

그런데 목련화가
필 때는 보름 달덩이인데
질 때는 더러운 쓰레기장이다
산책길이 혐오스럽다

허나 옛 시인의 진달래꽃 잎
임의 가슴에 떨어진 그 꽃
주님께 바쳐진 그런 사랑은
영원한 아름다움이어라

낙화 (시조)

예쁘고 사랑스런 꽃잎은 빨리 지고
열매를 맺으라고 추하게 떨어지나
그 꽃잎 임께 드리면 영원 사랑 얻으리

落花 (낙화/漢詩)
낙 화

美花失壽生 　예쁜 꽃이 목숨 생명을 잃고
미 화 실 수 생

殘木結圓姿 　잔인한 나무는 둥근 열매를 맺으며
잔 목 결 원 자

落秀觀汚醜 　떨어진 꽃은 추함을 보이나
낙 수 관 오 추

納馨得永慈 　드려진 꽃은 영원 사랑을 얻는다
납 형 득 영 자

낙 화

꽃님은 눈 내리듯 떨어진다
그 웃음과 환호성은 너무 짧다
아름다움은 왜 이리 빨리 가나
떨어진 꽃을 피해서 밟는다

열매를 위한 낙화란다
안 떨어지면 흔해빠진 풀 같고
무가치한 식물 될까봐
밀당하고 싶더란다

그런데 목련화가
필 때는 보름 달 덩이인데
질 때는 더러운 쓰레기장이다
산책 길이 혐오 스럽다

허나 옛 시인의 진달래꽃 잎
임의 가슴에 떨어진 그 꽃
주님께 바쳐진 그런 사랑은
영원한 아름다움이어라

기다림 (자유시)　　　　　　2024.6.26

다 떨어진 운동화 벗어 버리고 들어와
시장 간 엄마를 아니 운동화를
기다리며 중얼거린다
내일 학교 가서 암행어사 출또해야지

허나 어두워지고 비까지 추적추적 온다
운동화 보다 엄마 걱정 내 걱정 솟는다
겁이 나서 둥근 눈 뜨고 쪼그려 앉은
고양이가 돼 방구석에 숨어 있다

장성한 지금도 엄마가, 주님이 안 오시니
물에 빠진 채 이대로 죽을 것 같다
엄마의 운동화도 안 보이고
주님의 발소리도 안 들리니 말이다

그래도 길은 그곳뿐이니 어찌하랴
옛날 모세에게 오셨던 그분
어제도 김 집사가 만났다는 분
그의 사랑 믿으니 그 내민 손이 보인다

기다림 (시조)

운동화 사 갖고 올 엄마를 기다리듯
구원주 주님 오길 조난자 기다린다
김 집사 만났단 그분 나도 만나 뵈오리

待 (기다림/漢詩)
대

兒童待母行　아이는 엄마 오심을 기다리나
아 동 대 모 행

夜冥付危慌　어두움은 두려움을 안긴다
야 명 부 위 황

阨者望救主　고난자는 구원 주를 바라는데
액 자 망 구 주

慈神訪信羊　사랑 주가 믿는 양을 찾아온다
자 신 방 신 양

기다림

다 떨어진 운동화 벗어버리고 들어와
시장 간 엄마를 아니 운동화를
기다리며 중얼거린다
내일 학교 가서 망행어사 흉도 해야지

허나 어두워지고 비까지 추적추적 온다
운동화 보다 엄마 걱정 내 걱정 솟는다
겁이 나서 둥근 눈 뜨고 쪼그려 앉은
고양이가 돼 방 구석에 숨어있다

장성한 지금도 엄마가, 주님이 안 오시니
물에 빠진 채 이대로 죽을 것 같다
엄마의 운동화도 안 보이고
주님의 발 소리도 안 들리니 말이다

그래도 깊은 그곳 뿐이니 어찌하랴
옛날 모세에게 오셨던 그 분
어제도 김 집사가 만났다는 분
그의 사랑 믿으니 그 내민 손이 보인다

워십 댄스 (자유시)   2024.7.3

온몸 가려 하늘빛 천으로 감싼
훨훨 나는 나비여
밤하늘 별빛 달빛의 깃털 앞에서
몸을 다해 주를 높이네

주의 높으심과 거룩하심이
장내에 덮쳐 내리는 안개가 되게
울려 퍼지는 천사 소리에 맞춰
몸짓과 표정 다해 주를 향하네

그런데 뭔가 다 표현하지 못해
아쉬워 안타까워하다가 그만
스텝이 꼬여 모든 것 망친 듯해
얼굴에 비가 올 것 같지만

주께서 다 받으셨다고
기뻐하시는 사랑의 미소가
모두의 가슴 속 깊은 연못 속에
푸근하게 울려 퍼지네

워십 댄스 (시조)

하늘빛 나비 날며 몸 다해 주 높이네
천사의 소리 맞춰 몸짓이 주 향하네
실수로 스텝 꼬여도 받으시네 그 사랑

禮拜舞 (워십 댄스/漢詩)
예배무

乾色飛蝴拜主權　하늘빛 나는 나비 주님 권세를 높이고
건 색 비 호 배 주 권

讚揚中舞向尊天　찬양 중의 춤이 존귀한 분을 향하네
찬 양 중 무 향 존 천

差過動作消其共　실수한 동작이 그 모든 것을 망쳐도
차 과 동 작 소 기 공

慈愛昊怹受禮煙　사랑의 하늘 그분 예배 연기 받으시네
자 애 호 탄 수 예 연

거울과 나 (자유시)　　　　　2024.7.10

아하, 내가 이런 사람이구나
거울은 나를 보고 알게 한다
애걔, 나는 이렇게 완전치 못하구나
나를 고치게도 해 준다

허나 겉멋만 내는 자 되게
거울은 내 속은 제대로 못 보여 준다
측면 미인인 아내는 모르게
정면만 보여 주고는 끝내 버린다

더욱이 왜 이리 못생겼지
거울은 나를 미워하게 할 때가 있다
내가 이만하면 잘났지
나를 교만하게도 한다

그러나 못난 나를 겸손하게도
거울은 잘난 나를 사랑하게도
무엇보다 내 인격 닮은 신을 보게도
내 맘 닮은 주의 사랑 엿보게도 한다

거울과 나 (시조)

거울은 나를 보고 알도록 해 주지만
날 보고 미워하며 교만도 갖게 하나
내 인격 닮은 하나님 사랑 알게 해준다

鏡與我 (거울과 나/漢詩)
경 여 아

示吾明鏡更貧姿　나를 보여주는 거울은 부족을 고치고
시 오 명 경 경 빈 자

否見內其視正台　속을 못 보는 그것은 정면을 보여준다
부 견 내 기 시 정 태

付嫉顔容任傲慢　미움 주는 얼굴이 오만을 갖다주나
부 질 안 용 임 오 만

我人格樣敎神慈　내 인격 모양이 신의 사랑을 알려준다
아 인 격 양 교 신 자

거울과 나

아하, 내가 이런 사람이구나
거울은 나를 보고 알게한다
애개, 나는 이렇게 완전치 못하구나
나를 고치게도 해준다

허나 겉멋만 내는 자 되게
거울은 내 속은 제대로 못 보여준다
측면 미인인 아내는 모르게
정면만 보여주고는 끝내 버린다

더욱이 왜 이리 못 생겼지
거울은 나를 미워하게 할 때가 있다
내가 이만하면 잘났지
나를 교만하게도 한다

그러나 못난 나를 겸손하게도
거울은 잘난 나를 사랑하게도
무엇보다 내 인격 닮은 신을 보게도
내 맘 닮은 주의 사랑 엿보게도 한다

비 오는 날 (자유시)   2024.7.17

하늘이 땅을 부둥켜안고
눈물을 쏟아낸다
구름에서 참다 쏟는 눈물에
달도 별도 휩쓸려 내렸다

그 슬픔 우산으로 막아도
바지가 아우성을 친다
온몸이 우울에 젖어
쫓기듯 도망친다

방 안은 엄마 품 같긴 하나
콱 막힌 감옥이다
고독한 가슴속을
그리움이 찌른다

허나 내면의 호수에 가서
사색의 작은 배 띄우고
주님과 대화하니 참 좋다
주님의 품 안이 너무 좋다

비 오는 날 (시조)

하늘이 땅을 안고 눈물을 쏟아낼 때
그 슬픔 우산으로 다 막지 못하지만
방에 와 주님 모시면 너무 좋다 그 품이

降雨日 (비 오는 날/漢詩)
강우일

天乾瀉淚淋　　하늘이 눈물을 쏟아내고
천 건 사 루 임

雨傘不防悲　　우산이 슬픔을 못 막고
우 산 불 방 비

室內任孤獨　　방 안이 고독을 주어도
실 내 임 고 독

主神許臆其　　주님은 가슴을 허락하신다
주 신 허 억 기

먼지 (자유시)　　　　　　　　　　2024.7.24

자고 있다가 깜짝 놀란다
주인이 들어오는데 들킬까 걱정한다
모자에 앉아서 떨어질까 불안해한다
걸레로 더 지저분해질까 의심한다

아침 햇살 비치자 너무 많아서 들켰다
화려한 가구도 먼지투성이다
아이구, 상자 속까지 어떻게 들어갔지
세상엔 구석구석 먼지 없는 곳이 없다

사실 먼지는 바로 나 자신이다
작고도 보잘것없는 하찮은 나
더럽고 추하고 지저분한 죄인
이력이 쌓이면 쌓일수록 죄가 쌓인다

그런데 우리가 잘 못 보게 만드셨다
하나님도 우리를 안 보시기로 하셨다
그저 아름다운 풍경으로 보신다
자녀는 좋게만 보이는 거니까

먼지 (시조)

남몰래 앉아 있는 먼지가 너무 많고
작고도 죄가 많은 내가 곧 먼지이다
그런데 용서의 주는 아름답게 보신다

坌 (먼지/漢詩)
분

坌塵逃主目　먼지 티끌이 주인 눈을 피하고
분진도주목
醜物嫉淸人　추한 것이 청소부를 싫어한다
추물질청인
朝日彰多坱　아침 해가 많은 먼지를 드러내고
조일창다앙
內中備穢菌　속에는 더러운 것을 채운다
내중비예균
自身肖小堁　나 자신이 작은 먼지를 닮았고
자신초소과
罪者示汚燐　이 죄인이 더러운 것을 보인다
죄자시오인
但彼奄恣態　그러나 그 먼지는 모습을 안 보이고
단피엄자태
天神見美珍　주님은 아름다운 풍경을 보신다
천신견미진

29

사랑 불 (자유시)   2024.7.31

뒷동산과 앞들 사이에
초가집들이 옹기종기 모여 앉아
옛날얘기 도란도란 나누던
날 품어준 내 요람 내 고향

자치기 구슬치기 딱지치기하며
놀다 공부하며 그림도 그리며
이순신과 세종대왕을 꿈꾸던
비 갠 날 죽순 같던 그 시절

그러나 장맛비가 온 세상 짓눌러
회색빛 세상이 아주 새까매지며
자꾸만 죽음을 생각하게 하던
사망의 음침한 골짜기 사춘기

그때 찾아오신 주님이 너무 좋아
매일 새벽 데이트를 즐기며
유토피아 향해 평생 달리다 문득
가슴속 불덩이 사랑을 보았네

사랑 불(시조)

다정한 내 고향과 꿈 많던 어린 시절
그러나 새까매진 사망의 사춘기에
주님이 찾아오셔서 사랑 불을 주셨네

愛火 (사랑 불/漢詩)
애 화

多感山村抱幼男　　다정다감한 산촌이 유아를 품었고
다 감 산 촌 포 유 남

平和鄉里付搖籃　　평화로운 향리가 요람을 제공했다
평 화 향 리 부 요 람

喜愉遊戲敎年少　　즐거운 놀이가 연소자를 길렀고
희 유 유 희 교 연 소

持夢工夫殖學蠶　　꿈 가진 공부가 학생 애벌레를 키웠다
지 몽 공 부 식 학 잠

黑色滈雨拘壯士　　시커먼 장맛비가 젊은이를 묶었고
흑 색 호 우 구 장 사

灰光世上殺靑柑　　회색빛 세상이 풋 열매를 죽였다
회 광 세 상 살 청 감

但尋主恁予交國　　허나 찾아오신 주님이 교제 천국을 주셨고
단 심 주 임 여 교 국

慈火天皇贈愛甘　　사랑 불 하나님이 사랑 행복을 주셨다
자 화 천 황 증 애 감

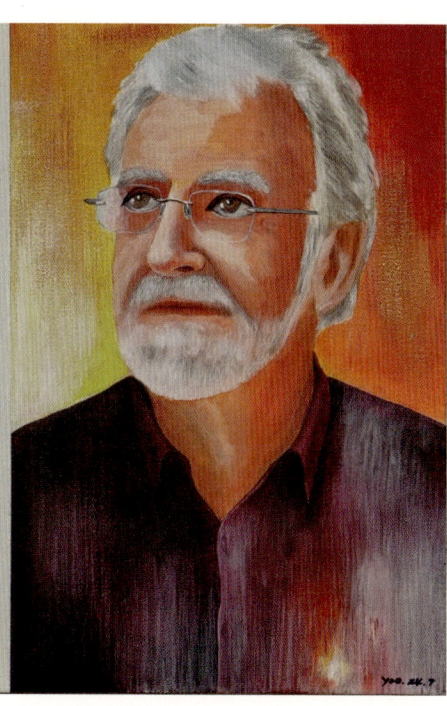

강물이 흐른다 (자유시)   2024.8.7

강물이 흐른다 계속 변하며 흐른다
천천히 또 빠르게 겉에서 또 속에서
가까이서 또 멀리서 재잘대다 얌전히
세상처럼 끊임없이 변하며 흐른다

강물과 함께 그 위에 뜬 배도 흘러간다
배에서 보니 구름도 같이 간다
구름처럼 사람도 따라간다
인생도 자꾸 변하며 흘러만 간다

흐르지 않는 것이 있다
산과 바위는 변함없이 버티고 있다
떡 버티고 선 위세가 장군 같긴 하나
땅덩이는 생명 없어 아무것도 못 한다

흐르지 않으나 생명이 있는 게 있다
거기엔 변함없는 사랑도 행복도 있다
그리고 그 안에 내가 있다
하늘 그 나라 안에 내가 있다

강물이 흐른다 (시조)

강물은 변화하며 인생과 흘러가고
변하지 않는 땅은 생명이 없지만은
불변의 하늘 그 나라 생명 행복 다 준다

江水流 (강물이 흐른다/漢詩)
강수류

江水示波流 강물이 흐름을 보이고
강 수 시 파 류

人生付變留 인생도 변화를 준다
인 생 부 변 유

立山非給命 불변하는 산은 생명을 못 주지만
입 산 비 급 명

永國許慈州 영원불변 나라는 사랑 생명 나라 준다
영 국 허 자 주

강물이 흐른다

강물이 흐른다 계속 변하며 흐른다
천천히 또 빠르게 겉에서 또 속에서
가까이서 또 멀리서 재잘대다 얌전히
세상 처럼 변함 없이 변하며 흐른다

강물과 함께 그 위에 뜬 배도 흘러간다
배에서 보니 구름도 같이 간다
구름처럼 사람도 따라 간다
인생도 자꾸 변하며 흘러만 간다

흐르지 않는 것이 있다
산과 바위는 변함 없이 버티고 있다
떡 버티고 선 위세가 장군 같긴 하나
땅덩이는 생명 없어 아무 것도 못한다

흐르지 않으나 생명이 있는 게 있다
거기엔 변함 없는 사랑도 행복도 있다
그리고 그 안에 내가 있다
하늘 그 나라 안에 내가 있다

참새 (자유시)

2024.8.14

참으로 오랜만이다
길가 나무에 짹짹이는 참새가 있다
시골 자연 풍경이 눈에 그리어진다
그 봄빛 품속이 그리워진다

눈만 뜨면 사방에서 울던 짹짹 소리
곱고 고요한 풍경 속의 그 새다
너무 많아 허수아비가 위협을 해도
내 고향의 포근함을 주던 새다

허나 급속한 도시화로 쫓겨나고
농약의 횡포로 먹을 것 없어져갈 때
어느 골짜기에서 연명하며
모진 목숨을 부지하였는가

오늘 목숨 걸고 사명감 품고 와서
인공이 파괴해도 여전한 자연은
하나님의 걸작품이라고
주만이 그 품을 주신다고 짹짹인다

참새 (시조)

참새가 짹짹인다 내 고향 친구 새다
급속한 도시화로 쫓겨난 향토 새가
오늘은 도시에 와서 찬양한다 자연을

雀 (참새/漢詩)
작

雀鳥敎先日　참새가 옛날을 노래하고
작조교선일

追思召故涯　추억이 고향 물가를 불러온다
추사소고애

人工驅自物　인공이 자연 만물 몰아내도
인공구자물

主恁守其懷　주님은 그 품을 지켜 주신다
주임수기회

노인 (자유시)   2024.8.21

하늘은 그를 별이 되라 하고
구름은 그를 달이 되라 한다
바람은 그의 흰 머리칼 날리며
가슴에 들어와 흔들어댄다

땅도 자태를 뽐내며 유혹하고
편안한 흔들의자가 손짓을 한다
쌓아 놓은 이름이 그를 붙잡고
주름진 얼굴을 웃음 짓게 한다

허나 하늘 꿈이 희미해지고
땅의 박대도 커져 갈 때
떨어지는 낙엽은 뒹굴고
삭풍은 노목을 흔들어댄다

그런데 땅에 허무를 느끼며
힘없는 그가 늘 바라보던 하늘
평생 쌓아오던 새벽 제단 위로
하늘의 미소가 선명하게 보인다

노인 (시조)

하늘이 불러대고 땅에서 손짓하다
하늘 꿈 희미하고 땅 박대 심해져도
평생의 새벽 제단 위 하늘 미소 환하다

老人 (노인/漢詩)

天上州家召老人　　하늘나라가 노인을 부르고
地中福樂執其民　　땅의 복락이 그를 붙잡다가
兩方存在廻前面　　양방 모두가 등을 돌려도
平素深祈得笑神　　평소 기도가 웃는 하늘을 얻는다

세상과 자연 (자유시)   2024.8.28

인간 세상 변해도 자연은 변함없고
나라가 망한대도 산천은 남게 되네
사람 변덕 심해도 바위는 끄떡 않고
역사가 요동해도 강물은 여전하네

세상에 고난 오면 자연도 공감 주고
삶의 추위 올 때는 낙엽도 울며 지네
병 가난 불화 사망 천지가 암흑 되고
환란 폭풍 올 때엔 산하가 엎드리네

결국 세상 전쟁에 자연도 공멸하고
핵전쟁이 터지면 지구는 사망하네
욕심 싸움 등살에 그 터도 소멸되고
부부 싸움 하다가 집 태우기도 하네

허나 사랑 세상은 새 자연이 품으며
아기새 품은 모정 둥지가 담아 주네
하나님 사랑 나라 영원 천지가 품고
사랑 둥지 새장을 집 안에다 들이네

세상과 자연 (시조)

세상이 변하지만 자연은 변함없고
세상에 고난 오면 자연도 공감 주나
전쟁이 둘 다 멸할 때 주가 주네 사랑 국

世上與自然 (세상과 자연/漢詩)
세상여자연

變更世上被難泉　　변하는 세상은 고난을 당하고
변경세상피난천

不動自然標共憐　　불변의 자연은 공감을 표한다
부동자연표공련

分戰人間殘萬物　　다투는 인간이 만물을 멸하나
분전인간잔만물

主神慈愛付新天　　하나님 사랑이 신천지를 준다
주신자애부신천

보디빌딩 (자유시)   2024.9.4

다양한 몸 건물이 한 도시를 이루었다
우람하고 커다란 대그룹 빌딩
작고 오밀조밀한 서민 달동네
다양성 중 화음을 내는 오케스트라다

몸 건물 속마다 화산 분출 직전이다
힘과 함께 아름다움도 분출한다
균형과 조화 가득한 교향곡이
하나의 종합 예술 오페라가 나온다

그런데 몸 건축의 공사는 험난하다
수고하고 무거운 짐 진 고통이 보인다
또 그 형벌을 언제까지 짊어져야 하나
멈추면 곧 바람 빠진 풍선이 될 텐데

허나 천국 건축은 즐거운 데이트이지
사랑의 즐거움은 엄마 품속 기쁨이야
또 하나님 사랑은 마치 명작 그림처럼
영원하고 완전한 것이잖아

보디빌딩 (시조)

다양한 몸 건물이 한 도시 이루었고
몸 건물 속에서는 화산이 분출하나
몸 건축 형벌이지만 천국 건축 기쁘다

身體建物 (보디빌딩/漢詩)
신체건물

多形身室造都間 _{다 형 신 실 조 도 간}	다양한 몸 건물이 도시를 이루었고
體宇內胸驅火山 _{체 우 내 흉 구 화 산}	몸 건물 속에서는 화산을 분출하나
築己過程予苦罰 _{축 기 과 정 여 고 벌}	몸 건축 과정은 형벌을 주는데
天園建設任娛環 _{천 원 건 설 임 오 환}	천국 동산 건설은 즐거움을 안긴다

보디빌딩

다양한 몸 건물이 한 도시를 이루었다
우람하고 커다란 대 고급 빌딩
착고 오밀조밀한 서민 달동네
다양성 중 화음을 내는 오케스트라다

몸 건물 속마다 화산 분출 직전 이다
힘과 함께 아름다움도 분출한다
균형과 조화 가득한 교향곡이
하나의 종합 예술 오페라가 나온다

그런데 몸 건축의 공사는 험난하다
수고하고 무거운 짐 진 고통이 보인다
또 그 형벌을 언제까지 짊어져야 하나
멈추면 곧 바람 빠진 풍선이 될텐에

허나 천국 건축은 즐거운 데이트 이지
사랑의 즐거움은 엄마 품속 기쁨이야
또 하나님 사랑은 마치 명작 그림처럼
영원하고 완전한 것이잖아

천국은 어디에 (자유시)　　　2024.9.4

대저택에 그게 있을 것 같다
허나 재벌 드라마는 웃음 없고 살벌하다
공산, 자본 진영 모든 인간 물질을 좇지만
흙을 안 밟는 삶은 건강만 해친다

높은 보좌엔 그게 있지 않을까
허나 높은 데는 힘들게 오른 후 불안하다
자기가 주도하려고 선악과 딴 아담도
부부 주도권 싸움 형벌로 힘들다

유흥가도 천국 아닌 지옥문이다
마실수록 더 목마른 불만의 길일 뿐이다
그래 담배, 술, 마약 점점 더 큰 자극 좇다가
결국 음란, 타락 지옥에 더 깊이 빠진다

오직 주님 사랑 품에 천국 행복이 있다
주 사랑하는 기쁨과 주가 주는 복이 있다
욕심꾼 인간 아닌 사랑꾼 하나님 안에만
하나님 나라 천국의 사랑 행복이 있다

천국은 어디에 (시조)

부요엔 행복 없고 권력은 힘만 들며
쾌락엔 만족 없어 더 좇다 멸망하나
하나님 사랑 안에선 천국 행복 얻는다

何處天國 (천국은 어디에/漢詩)
하 처 천 국

富饒予不幸   부요는 불행을 주고
부 요 여 불 행

權力要辛魂   권력은 괴로움을 요구하며
권 력 요 신 혼

快樂充貪慾   쾌락은 탐욕만 채우나
쾌 락 충 탐 욕

慈悲許永園   사랑이 낙원을 허락한다
자 비 허 영 원

거지와 왕 (자유시)   2024.9.11

그는 길가에 버려진 갓난애 거지
수치를 그대로 다 드러낸 발가숭이
인큐베이터에서도 쫓겨난
생명부에 못 오를 죽을 자였다

연명 후 형틀 위의 불편한 인생 살며
벌레처럼 비천하게 늙어가며
고문 같은 극한 통증 그냥 견디면서
옆의 시체를 바라보고 있었다

결국 내일 없는 하루살이였고
1 그램도 들 수 없는 무기력자이며
한 방울도 돕는 자가 없는
운은 하나도 없는 자란 절망뿐였다

그런데 혹시나 하는 믿음이 생겨
왕의 성문을 기웃거릴 때
자비 왕의 행차가 마침 있었고
네 믿음대로 될지어다 소리 들었다

거지와 왕 (시조)

거지의 가난 중에 불화와 질병 사망
불편과 비천함과 아픔과 죽음 주나
거지의 절망 중 믿음 왕의 자비 얻는다

乞人與王 (거지와 왕/漢詩)
걸인여왕

乞人當蔑示　　거지는 멸시를 당하며
걸인당멸시
病者被存亡　　병자는 사망을 입는다
병자피존망
不便遭經待　　불편은 천대를 만나며
불편조경대
苦生向死喪　　고통은 죽음을 향한다
고생향사상
無能空未世　　무능은 미래가 없고
무능공미세
孤獨呼否望　　고독은 절망을 부르나
고독호부망
所願希天王　　소원은 천왕을 바라고
소원희천왕
信仰得愛香　　믿음은 사랑을 얻는다
신앙득애향

거지와 왕

그는 길 가에 버려진 갓난애 거지
수치를 그대로 다 드러낸 발가숭이
민족 베이터에서도 쫓겨난
생명 부에 못 오를 죽을 자였다

연명 후 행틀위의 불편한 인생 살며
벌레 처럼 비천하게 늙어가며
고문 같은 극한 통증 그냥 견디면서
옆의 시체를 바라보고 있었다

결국 내일 없는 하루 살이 였고
한 그릇도 들 수 없는 무기력 자이며
한 방울도 돕는 자가 없는
운은 하나도 없는 자란 절망 뿐였다

그런데 혹시나 하는 믿음이 생겨
왕의 성문을 기웃거릴 때
자비 왕의 행차가 마침 있었고
네 믿음대로 될지어다 소리 들었다

45

소리 (자유시)　　　　　　　2024.9.18

강산이 노래한다
물과 바람과 새와 짐승들이
생명을 싹틔우며
옹알이하는 소리다

도시가 시끄럽다
차들과 물건들과 기계들이
긁히며 부딪치고 깨지면서
서로 파괴하는 소리다

모임이 떠들썩하다
사람들 입술 마구 들썩이며
대화하며 먹고 웃다가
서로 싸우기도 하는 소리다

가슴에서야말로 뭔가 들린다
영의 귀로 듣는 금쪽같은 말
주님이 안고 속삭이시는
사랑한다는 말씀이다

소리 (시조)

자연의 사는 소리 인공의 파괴 소리
인간의 싸움 소리 모두가 헛되지만
주님의 사랑한다는 소리만은 귀하다

聲 (소리/漢詩)
성

自然鳴命韻 자연은 사는 소리를 내며
자연명명운

都市造壞聲 도시는 파괴 소리를 만들고
도시조괴성

人間淡爭語 인간은 싸움 소리를 말하나
인간담쟁어

主神賜愛令 주님은 사랑 령을 내리신다
주신사애령

소리

강산이 노래한다
물과 바람과 새와 짐승들이
생명을 싹틔우며
옹알이 하는 소리다

도시가 시끄럽다
차들과 물건들과 기계들이
굴리며 부딪치고 깨지면서
서로 파괴하는 소리다

모임이 떠들썩 하다
사람들 입술 마구 들썩이며
대화하며 먹고 웃다가
서로 싸우기도 하는 소리다

가슴에서야말로 뭔가 들린다
영의 귀로 듣는 금쪽 같은 말
주님이 안고 속삭이시는
사랑한다는 말씀이다

시작과 끝 (자유시)   2024.9.25

황혼이 하루를 끝내려 하고 있다
아름답게 끝내려고 안간힘 다해
지는 해가 추상화 영상을 쏘고 있다
꽃밭 그림, 새 떼 그림 그리고 있다

등대는 밤의 시작을 준비 중이다
햇빛 대신 전등 켜 제대로 시작하려고
시간을 지켜 출근한 등대지기가
개미처럼 등대 언덕배기 기어올랐다

허나 바다는 끝도 시작도 관심 없다
불변하게 무의미하게 맹목적으로
그냥 습관적으로 꿈틀거리는 벌레다
무턱대고 모두 집어삼키는 무덤이다

해변 노부부가 젤 잘 끝내며 시작한다
사랑으로 서로 안고 끝내며
사랑으로 주님 품에서 시작한다
가마 타고 신랑 주님 집에 곧 갈 것이다

시작과 끝 (시조)

황혼이 끝내는 중 등대가 시작하나
바다는 시작과 끝없는 곳 무덤인데
노부부 사랑 품고서 시작하며 끝낸다

初終 (시작과 끝/漢詩)
초 종

美鮮黃夕卒陽空　아름다운 황혼이 밝은 날을 끝내고
미 선 황 석 졸 양 공

電火燈臺起暗中　전깃불 등대가 한밤을 시작하나
전 화 등 대 기 암 중

盲目的溟亡始末　맹목적인 바다는 시작과 끝을 망치지만
맹 목 적 명 망 시 말

愛耆夫婦畢初終　사랑의 노부부는 시작과 끝을 완성한다
애 기 부 부 필 초 종

터미네이터 (자유시)   2024.10.2

최고의 보디빌더와 배우와 주지사가 된
슈퍼맨 슈왈제네거가
영화 터미네이터의 선한 슈퍼로봇이 돼
암행어사 출또해 지구의 구세주 됐나

그 인공 로봇과 함께 인공 지능 AI가
슈퍼 천재가 돼 효율성 극대화해서
의료와 자동차와 지식과 제조를 도와
등 따시고 배부르게 하니 메시아인가

사실은 악한 인간성을 학습한 AI 괴물
곧 양의 탈을 쓴 악마인 그가
실업자와 비윤리와 거짓을 양산하다가
결국 세상을 지배해 멸망시킬 거다

그때 인조인간인 로봇 몸과 AI 머리
곧 가짜 도공의 도자기도 깨지고
하나님이 신천 신지 다시 주셔서
주가 품어 거듭난 자만 거주시키실 거다

　*과학자들도 AI가 세상을 지배해 멸망시
　킨다고 경고하고 있음
　성경도 인간 주도 세상 멸망 후 신천 신
　지에 중생자만 들어감을 예언하고 있음

터미네이터 (시조)

구세주 인공 로봇 메시아 인공 지능
사실은 악마여서 세상을 멸하지만
하나님 구원 통해서 영원 천국 얻는다

抹殺者 (터미네이터/漢詩)
말살자

製作肉身肖救援 _{제 작 육 신 초 구 원}	인공 로봇이 구원주 같고
人工知腦似重恩 _{인 공 지 뇌 사 중 은}	인공 지능이 큰 은혜 같지만
如羊惡鬼亡天地 _{여 양 악 귀 망 천 지}	그 양 같은 악마가 천지를 멸하나
創造之神予福園 _{창 조 지 신 여 복 원}	창조주 하나님이 복낙원을 주신다

터미네이터

최고의 보디빌더와 배우와 주지사가된
슈퍼맨 슈왈제네거가
영화 터미네이터의 선한 슈퍼로봇이 돼
암행어사 출도 해 지구의 구세주 됐나

그 인공 로봇과 함께 인공지능 AI 가
슈퍼 천재가 돼 효율성 극대화 해서
의료와 자동차와 지식과 제조를 도와
등 따시고 배부르게 하사 메시아인가

사실은 악한 인간성을 학습한 AI 까물
곧 양의 탈을 쓴 악마인 그가
실업자와 비윤리와 거짓을 양산하다가
결국 세상을 지배해 멸망시킬 거다

그때 인조 인간인 로봇 몸과 AI 머리
곧 가짜 도공의 도자기 깨지고
하나님이 신천 신지 다시 주셔서
주가 품어 거듭난 자만 거주시키실 거다

물 (자유시)

2024.10.9

우는 아기 떼어놓고 한나절 길어오는 물
아기에게 주려면 땅끝에라도 가야지
사람 피해 대낮에 간 사마리아 여인도
자존심 꿇고 구걸이라도 해야 할 물

왜냐하면 물이 목숨이니까
물이 있는 행성은 생명이 있고
물이 없는 사막은 목숨이 없잖아
언젠가 심한 가뭄 때 아기도 죽어갔었지

그런데 마셔도 마셔도 또 목마른 물
채워도 채워도 만족 없는 욕심 같아
다섯 번 남편 바꿔도 못 채운 애욕 같아
그 무지개 잡기를 속아서 한평생 하지

헌데 선교사가 말한 영생수가 주는 만족
욕심의 불만족 아닌 사랑의 만족인가
안고 젖 주는 기쁨과 젖물 먹는 행복인가
엄마와 애인과 주님 품에 있는 천국인가

물 (시조)

모든 것 희생하며 마시는 목숨인 물
마셔도 만족 없는 끝없는 욕심 같아
영원히 참만족 주는 사랑 물을 마시자

水 (물/漢詩)
수

人間犧異物　사람이 다른 것을 희생할 때
인 간 희 이 물

食水救身生　물이 목숨을 구출하나
식 수 구 신 생

其慾劣予足　그 욕심이 만족을 못 주지만
기 욕 열 여 족

愛情付幸城　사랑이 행복 성을 준다
애 정 부 행 성

비 (자유시)

2024.10.9

하루 종일 내린 비에
온 천지가 눈물 글썽하고
아침부터 어둑어둑한
온 세상에 슬픔이 가득하다

인생고에 두들겨 맞은
영혼들의 눈물인가
사방이 막힌 방에 갇혀버린
인생들의 슬픔인가

한 영혼이라도 더 많이
지옥으로 휩쓸어 가려는
악마의 엄청난 폭우에
가슴들이 눈물로 범람한다

허나 당신이 낳은 자녀들의
눈물 슬픔 바라보시는
하나님의 한이 결국 폭발해
큰 구원의 은혜 비가 오려나

비 (시조)

온 천지 내린 비는 인생고 눈물이고
악마의 폭우 속에 눈물이 범람한다
하나님 한이 폭발해 결국 구원 되려나

雨 (비/漢詩)

邀雨天坤唵淚怨	비 맞은 천지가 눈물을 글썽이고
黑冥世上孕悲根	어둑한 세상이 슬픔을 품었다
苦難靈魄標鳴泣	고난의 영혼이 울음을 울먹이고
監內人生抱困墦	감옥 내 인생이 괴로움을 안았다
醜者橫暴充地獄	악한 자의 횡포가 지옥을 채우고
惡魔心術濫胸元	악마의 심술이 가슴을 채워 넘친다
但看子厥觀悢愴	허나 자녀를 보는 그가 슬픔을 보았고
藏恨吾神賜救援	한을 품은 내 하나님이 구원을 주신다

인간 (자유시)　　　　　2024.10.16

인간은 대인 관계하며 산다
사람 없으면 왕따이고 독방 감옥이다
그래서 결혼하고 출산해 가정 이룬다
자신을 위해서

인간은 대물 관계하며 산다
물질 없으면 불구 된 거고 짐승 된 거다
그래서 사람 해쳐 물질 가지기도 한다
자신을 위해서

인간은 대육 관계하며 산다
육신 없으면 실종자 되고 고아가 된다
그래 때론 물질, 사람 버려 육신 지킨다
자신을 위해서

인간은 대신 관계하며 살아야 한다
신과의 사랑 위한 신부로 창조돼서다
신은 육신과 물질과 사람 복도 주신다
신을 사랑하는 자에게

인간 (시조)

사람과 물질들과 육신도 소중하나
그런 건 부족해서 참행복 못 주지만
신과의 사랑 통해서 완전 행복 얻는다

人間 (인간/漢詩)
인 간

人間無孤願宇庭　　인간 없는 고독이 가정을 원하고
인 간 무 고 원 우 정

物空不便暴他丁　　물질 부족 불편은 타자를 해치며
물 공 불 편 폭 타 정

肉身病死漁全部　　육신 질병 사망은 모두를 빼앗으나
육 신 병 사 어 전 부

對主慈情賜福涇　　신과의 사랑이 완전한 복을 준다
대 주 자 정 사 복 경

57

고난 (자유시)　　　　　　2024.10.16

고문 같은 아픔에 영혼을 놓친 채
길바닥에 버려져 노숙하다가
투견처럼 자리싸움하던 사람이
죽어가면서 보니 악마가 웃고 있었다

허나 고문을 참는 수밖에 없었고
그가 노숙의 비참함에 낮아졌을 때
지푸라기라도 다투면서 잡아야 했고
하늘을 보며 꽉 붙잡고 새로 탄생했다

반대로 악마는 지옥 불에 던져져
벌거숭이 돼 덜 뜨거운 곳 차지하려고
쌈박질하다가 죽기를 애걸하며
신의 자녀 해친 심술을 후회했다

그러나 그 사람 참고 겸손히 믿음으로
지푸라기 주를 붙잡은 후에
주님 품에 안겨 가만히 생각해 보니
모든 고난이 간밤 악몽일 뿐이었다

고난 (시조)

질병과 가난 불화 사망의 고난주는
악마는 더 큰 형벌 영원히 받지만은
고난 중 참고 믿으면 영원 안식 얻는다

苦難 (고난/漢詩)
고 난

惡魔予四苦　악마가 4중고난을 주나
악 마 여 사 고

信者受鍊恩　신자가 연단 은혜를 받고
신 자 수 연 은

心術招刑罰　심술이 형벌을 부르나
심 술 초 형 벌

依神得救援　신앙이 구원을 얻는다
의 신 득 구 원

밤 (자유시)

2024.10.23

저녁놀이 안간힘을 써봤지만
천지는 새까맣게 칠해졌다
하늘 대왕이 산 넘어 가버리자
풍등이 떠오르고 하늘이 반짝였다

사람마다 이불 속에 들어가자
몽유병자인 무의식 깨어 일어나고
육 대신 영이 날아다니자
천공이 그들을 바라다보았다

그때 어둠의 영도 다니며 미혹하자
유흥가가 북적이며 풍악을 울렸고
또한 흑암 중에 살인범도 활개 치며
생명은 사망에게 짓눌려 버렸다

허나 그 밤 요셉의 꿈이 이상이 되며
그 철야 기도가 현실로 바뀔 때
응답 안고 오신 천공을 만나게 되고
기다리던 낙원이 보이기 시작했다

밤 (시조)

해가 져 달이 뜨고 잠자며 꿈을 꿀 때
악령은 욕정 주어 죄짓게 만들지만
그 밤에 꿈을 잡는 자 주의 낙원 만난다

夜 (밤/漢詩)

落影招星空　지는 해가 밤하늘을 부를 때
낙 영 초 성 공

熟眠興不魂　단잠이 무의식을 일으키며
숙 면 흥 불 혼

惡靈予犯罪　악령은 범죄를 주지만
악 령 여 범 죄

懷夢得天園　꿈을 품은 자는 하늘 낙원을 얻는다
회 몽 득 천 원

천지와 심신 (자유시)   2024.10.30

수북이 땅을 덮은 풀 위에 누워
하늘 마을 구름의 그림을 본다
땅 위의 침대에서 몸이 노니까
하늘 그림 즐기며 마음도 난다

땅에서 나온 식물 몸을 먹이고
하늘의 산들바람 맘을 살린다
몸을 움직이면서 존재하는 자
마음이 웃으면은 잔칫집이다

그러나 땅의 지축 춤추어대고
하늘이 물 폭탄을 쏟아부을 때
용사 같던 몸들도 생매장되고
웃음 짓던 맘들도 초상집 된다

그래서 새로운 땅 허락하시고
새 하늘 우리에게 주실 때에는
영원히 사는 몸을 믿고 받는 자
그 맘이 주님 사랑 누리게 된다

천지와 심신 (시조)

풀 위에 누운 몸과 구름을 보는 맘이
지진 때 넘어지고 폭우 때 부서지나
새 땅과 새 하늘 오면 영생 사랑 누린다

天地與心身 (천지와 심신/漢詩)
천지여심신

地草予安體　땅의 풀이 편안한 몸을 주고
지초여안체

天雲許喜心　하늘 구름이 즐거운 맘을 허락한다
천운허희심

災難抽魄肉　재난이 맘과 몸을 부수나
재난추백육

新宇賜慈林　새 우주가 사랑 숲을 준다
신우사자림

유관순 (자유시)　　　　　　　2024.11.6

이화 학당 이팔청춘 소녀 가슴에
의분의 흰 배꽃 망울이 맺혔다
국왕까지 살해됐단 의심 때문에
봄 첫날 온 민족 가슴에도 맺혔다

아우내 장터에 가서 음력 봄 첫날
그 꽃이 몽우리를 활짝 터뜨렸다
아우내서 음양을 아우르는 깃발
독립 만세 외치며 흔들어댔다

허나 여린 꽃은 떨어져 버리고
체포 고문 중 저항하다 순국했다
나라 도둑이 나라 주인 재판해서
십자가 희생시켜 무덤도 없앴다

그러나 온 민족 가슴 그 꽃자리에
해방과 경제 부흥 열매 맺히고
기독 소녀 가슴 꽃자리서 시작된
교회 부흥 열매도 주님이 주셨다

유관순 (시조)

의분의 흰 꽃망울 소녀의 맘에 맺고
민족의 가슴속에 그 꽃이 피었는데
떨어져 열매를 맺어 해방 부흥 얻었다

柳寬順 (유관순/漢詩)

義憤白花占妹泉　의분의 흰 꽃이 소녀 가슴 샘을 점령하고
全民怒秀蓋倂川　전 민족 분노 꽃이 아우내를 덮었는데
國家强盜抽反蘂　나라 강도가 저항 꽃을 없앴으나
其實復興備地天　그 열매 대부흥이 땅과 하늘을 채웠다

아닌가요 (자유시)

2024.11.13

고장 난 자동차가 돼 신음 소리 내다 멈추는
몸의 아픔이 사람의 운명 아닌가요
쌀 떨어진 쌀독이 돼 춥고 배고파 웅크리는
물질의 가난이 사람의 모습 아닌가요

깨진 뒤웅박이 돼 마찰 소리 내며 물이 새는
관계의 불화가 사람의 고통 아닌가요
끊어진 전깃줄이 돼 둘둘 뭉쳐져 버려지는
목숨의 끊김이 사람의 형벌 아닌가요

그런데 사이코 괴물 돼 괴롭힘 즐기며 만든
이 불행한 세상은 마귀의 잔인함 아닌가요
결국 끈질긴 물귀신이 돼 너 죽고 나 죽자는
지옥의 불못은 마귀의 사악함 아닌가요

그러나 바다 같은 가슴에 지옥 갈 죄인 품는
구원의 포옹이 하나님의 본성 아닌가요
끝내는 엄마처럼 좋은 걸 다 주며 좋아하는
천국의 풍성이 하나님의 사랑 아닌가요

아닌가요 (시조)

인생의 고난들은 사람의 운명이나
그 불행 지옥 주는 사탄의 사악함을
용서와 사랑으로써 안 막나요 주님이

不是嗎 (아닌가요/漢詩)
부 시 마

人間當病乏　사람은 병과 가난을 당하고
인 간 당 병 핍

世上注爭墦　세상은 싸움과 죽음을 붓는데
세 상 주 쟁 번

魔鬼予其苦　마귀가 그 고난을 주지만
마 귀 여 기 고

天公許喜園　하나님이 기쁜 동산을 허락 않나요
천 공 허 희 원

안 보이는 님 (자유시) 2024.11.20

푸른 잎 단풍 돼 낙엽 지고 흰 눈 덮여도
님이 안 보여서 믿을 수가 없는 불신자
누가 안 본 자기 잘못도 그냥 무시하고
양심 고발도 무시하며 그냥 욕심껏 산다

안 보여도 있는 공기나 전파나 마음처럼
님이 안 보여도 있다고는 믿는 돌신자
간구하면 그분이 도우시는 것 같아
도움받는 즐거움에 그냥 본능대로 산다

경찰과 검찰과 법원이 없으면 좋겠고
님도 안 보이니 없기를 바라는 역신자
등 따시고 배부르려고 남을 해치며
격투기 잔인 쾌감 즐기는 사이코로 산다

엄마는 안 보여도 꼭 곁에 있었으니
님이 안 보여도 꼭 있다고 믿는 참신자
엄마 같은 희생 사랑을 믿고 받으며
헌신 사랑 드리면서 사랑 나라에서 산다

안 보이는 님 (시조)

보이지 않는 님을 믿기도 못 믿기도
없기를 바라면서 거역도 하지만은
엄마와 사랑하듯이 사랑하며 믿는다

隱恁 (안 보이는 님/漢詩)
은 임

凡人憛瞥恁　보통 사람은 안 보이는 님을 모르나
범인담별임

弟子信靈神　제자는 영이신 하나님을 믿으며
제자신영신

逆者排嫌主　거역자는 싫은 주님을 배척하나
역자배혐주

聖徒愛好賓　성도는 좋은 그 손님을 사랑한다
성도애호빈

안 보이는 님

푸른 잎 단풍돼 낙엽 지고 흰눈 덮여도
님이 안 보여서 믿을 수가 없는 불신자
누가 안 본 자기 잘못도 그냥 무시하고
양심 고발도 무시하며 그냥 욕심껏 산다

안 보여도 있는 공기나 전파나 마음처럼
님이 안 보여도 있다고는 믿는 돈신자
간구하면 그분이 도우시는 것 같아
도움 받는 즐거움에 그냥 본능대로 산다

경찰과 검찰과 법원이 없으면 좋겠고
님도 안 보이니 없기를 바라는 역신자
등 따시고 배 부르려고 남을 해치며
격투기 잔인 쾌감 즐기는 싸이코로 산다

엄마는 안 보여도 꼭 곁에 있었으니
님이 안 보여도 꼭 있다고 믿는 참신자
엄마 같은 희생 사랑을 믿고 받으며
헌신 사랑 드리면서 사랑 나라에서 산다

갈대와 사슴 (자유시)　　　2024.11.27

자유를 달라 아니면 죽음을 달라고
누가 말했다 복종이 너무 힘들어서
갈대가 바람에 복종하느라 힘들다
땅에 발목 잡혀 꼼짝없이 흔들린다

자유롭게 왕처럼 행하며 주장하며
신바람 나게 사는 자가 멋져 보인다
사슴이 왕처럼 갈대 앞에서 뛰논다
사슴 왕이 갈대 노예를 압도한다

그런데 왕들의 전쟁에 쫓고 쫓기다
사슴 왕은 맹수 왕에게 먹혀 버린다
자유는 또 다른 자유와 충돌하여
그 자유가 꺾이고 멸망할 때가 온다

그러나 갈대의 복종하는 물결 멋져
관광객 몰려와 즐거운 낙원이 된다
무엇보다 사랑으로 주 뜻 복종할 때
주님 왕 사랑 통치 나라 낙원이 된다

갈대와 사슴 (시조)

A.
갈대의 복종함은 힘들고 초라하며
사슴의 자유함은 신나고 멋있지만
자유 왕 망할지라도 복종 천국 임한다
B.
복종은 힘이 들고 자유는 멋있지만
자유 왕 전쟁하다 멸망해 사라지나
주 뜻에 복종하면은 주의 나라 임한다

蘆與麌 (갈대와 사슴/漢詩)
노여제

服從蘆草擔艱行　　복종하는 갈대는 고행을 짊어지고
복종노초담간행

自意麌禽活美生　　자유하는 사슴은 멋진 삶을 살지만
자의제금활미생

戰鬪由王當滅絶　　전투하는 자유 왕은 멸절을 당하나
전투유왕당멸절

順應信者得天城　　복종하는 신자는 주의 나라를 얻는다
순응신자득천성

유괴당한 자식 (자유시)　　　2024.11.27

괴한에게 자식 유괴당한 부모의 고통은
뱀 마귀에게 아담 유괴당한 신의 아픔 같다
넋을 잃고 만사 귀찮다 하늘이 노랗다
이를 어쩐단 말인가

괴한에게 나포된 자식의 고통은
뱀 마귀 아래의 인생 괴로움 같다
쩔쩔매며 정신없다 하늘 볼 새가 없다
이를 어쩐단 말인가

고통 절망에 자길 살인해 지옥 간 자식은
인생고 완성을 거기에서 보는 자이다
숨 막히고 암담하다 검은 하늘이 덮쳤다
이를 어쩐단 말인가

허나 고통 탈출 귀가해 부자 상봉한 자식은
고통 중 주님 믿고 천부를 만난 자 같다
부자간 너무 사랑스럽다 파란 하늘이 좋다
이를 어쩐단 말인가 너무 좋아서

유괴당한 자식 (시조)

자녀를 유괴당한 부모의 마음이나
잡혀간 자녀들은 지옥을 향하지만
벗어나 부모 만나면 천국 나라 임한다

當誘拐子 (유괴당한 자식/漢詩)
당유괴자

當誘拐爹失魄魂　　유괴당한 아버지는 넋을 잃고
당유괴다실백혼

監禁子女被難怨　　감금된 자녀는 고난 원망을 입으며
감금자녀피난원

自劉避者逢刑獄　　자살 도피자는 형벌 지옥을 만나나
자류피자봉형옥

執主信徒得樂園　　주를 붙잡는 신도는 낙원을 얻는다
집주신도득낙원

님 잃은 가슴 (자유시)　　　　　2024.12.4

님 잃은 가슴에도 봄은 오는가
햇살 따스해 피는 꽃이 눈에 보이는가
지난밤 꾼 꿈이 희망이 되는가
님이 없으니 아무 소원도 없구나

님 잃은 삶에도 여름은 오는가
녹음 우거져 풍성해지니 만족하는가
열정 넘치는 이들이 부럽기는 한가
님이 없으니 아무 의욕도 없구나

그런데 님 잃은 집에도 가을은 온다
찬바람 산에서 내려와 걱정이 크다
서글픔이 배가돼 캄캄해진다
님도 없으니 모든 게 암담하구나

그러나 님 잃은 내게 겨울 평안이 온다
흰 눈이 나목을 덮어 주니 푸근하다
안식할 인생 겨울 오니 안심이 된다
님 없는 세상 떠나 님의 나라 가면 된다

님 잃은 가슴 (시조)

님 잃은 가슴에는 희망도 없어지고
의욕도 없어지며 절망만 가득하나
님 만날 하나님 나라 영원 안식이 있다

失恁胸 (님 잃은 가슴/漢詩)
실 임 흉

失恁消希望　님을 잃음은 희망을 없앰이고
실 임 소 희 망

離神棄意魂　신을 떠남은 의욕을 버림이요
이 신 기 의 혼

忘其持落念　그를 잊음은 낙심을 가짐이나
망 기 지 낙 념

愛主得樂園　주를 사랑함은 천국을 얻음이라
애 주 득 낙 원

무지개 동산으로 오라 (자유시)   2024.12.11

동반자여 무지개 동산으로 오라
벗이여 거기 올레길로 오라
걷고 대화하며 진리 바다 헤엄치자
필리아 우정 꽃이 동산 가득하도록

동반자여 무지개 동산으로 오라
반쪽이여 거기 보금자리로 오라
으스러져 하나 될 때까지 포옹하자
에로스 애정 녹음이 우거지도록

동반자여 무지개 동산으로 오라
대적자여 거기 동굴 속으로 오라
날 연단 후 좋아하는 흑암에 머물라
스톨게 모정 기도 응답 씨 맺도록

동반자여 무지개 동산으로 오시오
님이여 거기 공중 무지개로 오시오
님의 통치가 백 프로 지지 얻게 돼
아가페 사랑 열매 동산 가득하도록

무지개 동산으로 오라 (시조)

친구와 진리 대화 연인과 애정 결합
동반자 사랑하며 욕심을 가둘 때에
하나님 사랑 나라가 행복 동산 이룬다

來虹園 (무지개 동산으로 오라/漢詩)
래 홍 원

疏眞親舊築情言　　진리를 나누는 친구가 정담을 쌓고
소 진 친 구 축 정 언

結合戀人植愛魂　　결합하는 연인이 사랑을 심으며
결 합 연 인 식 애 혼

與惡戰鬪勝慾望　　악령과의 싸움이 욕심을 이길 때
여 악 전 투 승 욕 망

對神慈憓造樂園　　하나님과의 사랑이 낙원을 이룬다
대 신 자 혜 조 낙 원

헛되도다 (자유시)   2024.12.18

물질은 있어도 언젠간 반납하게 되고
그게 떠나든 내가 떠나든 하니 헛되도다
많아도 만족 못 해 늘 무지개 잡기 하나
적어서 인류 역사는 가난 역사니 헛되다

인간 친구 많을수록 수박 겉핥기가 되고
찐친구일수록 배신 유다 많으니 헛되다
배신 안 해도 참사랑은 어렵고
사랑해도 같이 수렁 빠질 자 없어 헛되다

육신도 울며 와서 울리고 가니 헛되고
장수 축복이 사실은 저주가 되니 헛되다
강목일수록 더 잘 부러지게 되며
결국 흙과 재 돼 무로 돌아가니 헛되다

신 떠난 물질, 인간, 육신은 이렇게 헛되나
시공 초월 영원, 완전한 신만은 참되다
신 대속 사랑 폭포수 믿고 받으며
내 사랑 분수 쏴 올리며 행복하니 참되다

헛되도다 (시조)

물질은 불만 주고 인간은 미움 주며
육신은 병사당해 모두가 헛되지만
신과의 완전 사랑이 영원 행복을 준다

無益 (헛되도다/漢詩)
무익

物質予非滿　물질은 불만을 주고
물질여비만

人間付怨魂　인간은 미움을 주며
인간부원혼

肉身當病死　육신은 병사를 당하나
육신당병사

神愛賜全園　신의 사랑은 완전 낙원을 준다
신애사전원

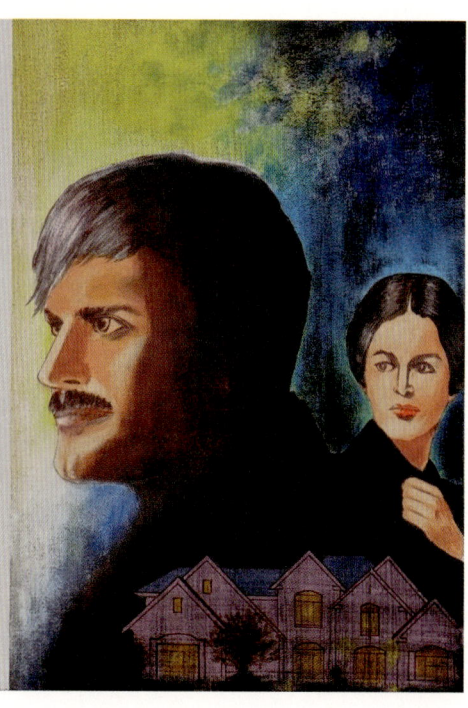

소나무 (자유시)

2024.12.25

동아시아 끝자락 반도에 심겨진 소나무
상록수 솔잎이 끈질긴 역사를 말하고 있다
송홧가루 뿌린 금수강산이 강한 몸 만들고
솔향기 속의 한류 문화 꽃 밝은 맘 주었다

꾸불꾸불 높이 뻗은 줄기와 가지는
주변 강자 수모에 눈물 머금은 생명 몸부림
지정학적 척박한 땅과 악천후를 이기며
강인한 생활력과 명석한 두뇌를 얻었다

그러다 당한 망국의 겨울과 동면
그때 송진으로 나무 속 수액 감싸 월동하고
철갑 표피로 넋을 끝까지 지키면서
애국과 순국의 아우성을 뿌려댔다

결국 천년 장수목답게 생명 되살아난 후
신이 고난 통해 주신 최고의 심장과 두뇌로
궁궐 짓는 1등 나무답게 대국으로 부흥해
온 세상 구원 사명 이뤄 동방의 등불 되리라

소나무 (시조)

소나무 대한민국 굽어진 몸통 모양
주변국 등쌀 중의 몸부림 모습이나
그 연단 힘과 지능 줘 동방 등불 되리라

松 (소나무/漢詩)
송

松木韓國占東區 _{송 목 한 국 점 동 구}	소나무 한국이 동아시아를 점했고
强邦圈州育硬蹀 _{강 방 권 주 육 경 유}	강국 속의 나라가 강한 힘을 길렀다
滅亡民族被復活 _{멸 망 민 족 피 부 활}	멸망한 민족이 부활을 얻은 후
鍊鍛能力闡地球 _{연 단 능 력 천 지 구}	연단된 능력이 세계를 밝힌다

소나무

동아시아 끝자락 반도에 심겨진 소나무
상록수 솔잎이 끈질긴 역사를 말하고 있다
송화 가루 뿌린 금수강산이 강한 몸 만들고
솔향기 속의 한류 문화 꽃 밝은 맘 주었다

꾸불꾸불 높이 뻗은 줄기와 가지는
주변 강자 수모에 눈물 머금은 생명 몸부림
지정학적 척박한 땅과 악천후를 이기며
강인한 생활력과 명석한 두뇌를 얻었다

그러다 당한 망국의 겨울과 동면
그때 송진으로 나무 속 수액 감싸 월동하고
철갑 표피로 넋을 끝까지 지키면서
애국과 순국의 아우성을 뿌려 댔다

결국 천년 장수목 답게 생명 되살아난 후
신이 고난 통해 주신 최고의 심장과 두뇌로
궁궐 짓는 1등 나무 답게 대국으로 부흥해
온 세상 구원 사명 이뤄 동방의 등불 되리라

81

나 혼자다 (자유시)　　　　2025.1.1

나 혼자다
나 혼자밖에 없다
내 그림자뿐이다
그 뒤 어둠만 따른다

아주 머얼리
빛이 있기는 하다
그러나 그 희망은
너무 막연하다

날 좇는 어둠 속에
두려움이 있다
뭔가 모를 흉악함이
내 맘을 옥죈다

그런데 사실 내겐
또 한 분이 있다
주님이 내 속에서
빛으로 계심을 본다

나 혼자다 (시조)

고독한 나에게는 희망 빛 안 보이고
날 좇는 어둠 속에 두려움 좇아오나
내 안의 주님께서는 참된 빛을 주신다

我獨 (나 혼자다/漢詩)
아 독

獨我持陰黑	고독한 나는 어둠을 갖고 있고
독 아 지 음 흑	
遠光不給希	먼 빛은 희망을 못 주며
원 광 불 급 희	
從冥予恐怖	좇는 어둠은 두려움을 주지만
종 명 여 공 포	
內主賜眞輝	내 안의 주님이 참빛을 주신다
내 주 사 진 휘	

나 혼자다

나 혼자다
나 혼자 밖에 없다
내 그림자 뿐이다
그 뒤 어둠만 따른다

아주 머얼리
빛이 있기는 하다
그러나 그 희망은
너무 막연하다

날 좇는 어둠 속에
두려움이 있다
뭔가 모를 흉악함이
내 맘을 옥죈다

그런데 사실 내게
또 한분이 있다
주님이 내 속에서
빛으로 계심을 본다

위를 보아라 (자유시)　　　2025.1.8

뒤보다 앞을 보아라
눈은 앞에 달려 있으니
꿈쟁이 요셉이 되어
가는 자전거 안 쓰러진다

양옆도 바라보아라
다른 이 다른 길도 있으니
좌우 모두를 품는
바다 가슴을 가져라

밑은 절대 보지를 말아라
그 지옥에 빠질 수 있으니
우물물 자꾸 내려 보다가
그 고난에 빠질 수 있다

위를 위를 바라다보아라
거기 하늘님이 계시니
거기서 내려 주시는
사랑의 기적을 받아라

위를 보아라 (시조)

뒤보다 앞을 보며 꿈 갖고 달리면서
양옆을 바라보며 바다 품 가지고서
밑보다 위를 보면서 하늘 사랑 받아라

往上看 (위를 보아라/漢詩)
왕상간

視前走者有夢容　　앞을 보며 달리는 자는 꿈 얼굴을 갖고
시전주자유몽용
知兩方人得海胸　　양쪽을 아는 이는 바다 가슴을 얻으며
지양방인득해흉
見下曳民當厥苦　　밑을 보며 끌리는 자는 그 고난당하나
견하예민당궐고
向高信客受慈峰　　위를 향해 믿는 자는 사랑 봉을 얻는다
향고신객수자봉

가시는 님 (자유시)   2025.1.15

날 버리고 가시는
님을 보면서
가슴속에 눈물을
삼키고 있네

삼키는 눈물방울
불덩이 되어
그대 향해 더욱더
불타오르네

온 맘이 불타올라
용광로 되니
그대 없는 내 삶은
지옥이 되네

차라리 예수처럼
그대를 위해
죽을 일이 있으면
좋을 것 같소

가시는 님 (시조)

님 잃은 슬픈 눈물 불덩이 사랑 되고
그 불이 용광로라 현실이 지옥 되니
차라리 불타 죽어서 내 님 천국 비치리

往恁 (가시는 님/漢詩)
왕임

失情予苦淚 실연이 슬픈 눈물을 주고
실정여고루

其物造慈灯 그것이 사랑 불을 만들며
기물조자정

厥燨招坤獄 그 불이 지옥 불을 불러도
궐희초곤옥

死燨製恁燈 죽음 불이 님 등불을 만들리
사희제임등

가시는 님

날 버리고 가시는
님을 보면서
가슴 속에 눈물을
삼키고 있네

삼키는 눈물 방울
불덩이 되어
그대 향해 더욱 더
불타 오르네

온 맘이 불타올라
용광로 되니
그대 없는 내 삶은
지옥이 되네

차라리 예수 처럼
그대를 위해
죽을 일이 있으면
좋을 것 같소

산에 피는 꽃 (자유시)   2025.1.22

산에 피는 저 꽃은
누구에게 보여주려고
화장 단장하고서
고운 자태를 뽐내는 건가

간혹 와서 울어대다가
본체만체 가버리는
산새 한 마리를 위해
저리도 곱게 웃고 있는가

아니면 온 봄을 기다려도
오지 않는 그 사람을
그저 짝사랑하다가
울면서 지고 있는 것인가

아니야, 곱디고운 저 모습
물에 비추어서
하늘님께 보여 드리려고
저리 피어서 웃는 거구나

산에 피는 꽃 (시조)

산에서 피는 꽃이 미모를 보여줄 때
산새와 사람들은 모두 다 무시하나
하늘님 그 고운 자태 아름답게 보신다

開山花 (산에 피는 꽃/漢詩)
개 산 화

山花知美貌　산꽃은 아름다움을 보여주나
산화지미모

岵鳥有無思　산새는 무관심을 가지며
호조유무사

人客禁來往　사람은 내왕을 금하지만
인객금내왕

天公見厥姿　하늘님은 그 자태를 보신다
천공견궐자

잔디밭 (자유시)

2025.1.29

작은 별장 앞에 있는 잔디밭
님과 나란히 앉아 성을 쌓다가
누워서 하늘 구름 바라보며
그 천성에 대해 이야기하던 곳

푸르던 잔디 빛 점점 익으며
금빛으로 불타기 시작하고
그 님 그리움이 내 맘속에서도
더욱더 뜨겁게 타오르는데

어느덧 날 어두워지고
쌀쌀한 바람이 옷깃 스며들며
웬 외로움이 따라 들어와
온몸을 움츠러들게 하지만

그때 떠오르는 빛나는 한 별이
마음 캔버스를 훤히 밝히면서
그 주님이 친히 만들고 계시는
사랑의 천국 성을 보여주네

잔디밭 (시조)

잔디밭 같이 앉아 천성을 얘기하던
주님이 금잔디 빛 불타듯 그리운데
외로움 지운 별빛이 사랑 천성 보이네

莎田 (잔디밭/漢詩)
사 전

莎田對話畫天城　　잔디밭의 대화가 천성을 그리고
사 전 대 화 화 천 성

主恁交遊燥戀情　　주님과의 데이트가 그리움을 불태우나
주 임 교 유 조 연 정

暗黑寒風予子獨　　어둠의 찬바람이 고독을 주지만
암 흑 한 풍 여 혈 독

光明星色示慈京　　밝은 별빛이 사랑 성을 보여준다
광 명 성 색 시 자 경

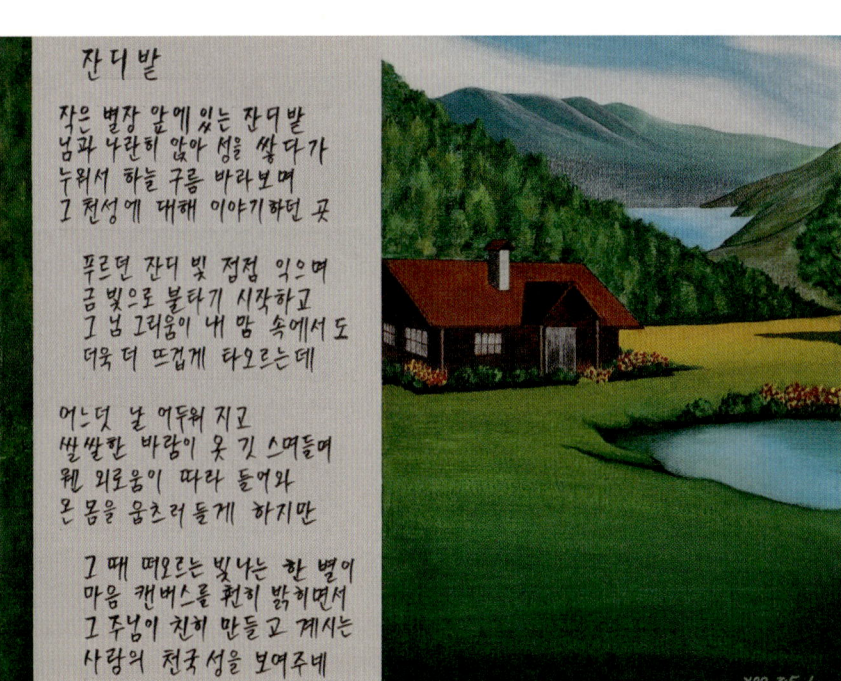

러브스토리 (자유시)　　　　　2025.2.5

불러도 대답 없는 내 님이여
아무 데도 안 계시는 님이시여
그때 그 동산서 같이 거닐 때
첫사랑의 황홀함 가득했지요

어디에도 안 보이는 모습이여
기울여도 안 들리는 음성이여
부끄럽고 더러운 내 잘못이
그 동산을 떠나게 만들었지요

그러나 날 찾아와 안아 주신 후
어찌하여 날 위해 죽으셨나요
사랑하는 나의 님이여
사랑하는 나의 님이여

그런데 정말로 다시 사신 후
날 데리고 새 동산 가시는가요
사랑하는 내 주님이여
사랑하는 내 주님이여

러브스토리 (시조)

첫사랑 나누던 님 종적을 감추었고
죄짓고 떠난 내가 그 님을 잃었으나
나 대신 죽으신 주님 부활 천국 주신다

愛話 (러브스토리/漢詩)
애 화

疏初愛恁藏踪聲　　첫사랑 나누던 님이 종적을 감추었고
소초애임장종성

追放惡人失您情　　죄짓고 쫓겨난 내가 님의 사랑을 잃었다
추방악인실니정

代贖主任予大惠　　나 대신 죽으신 님이 큰 은혜를 주셨고
대속주임여대혜

復生活者賜天城　　부활해 다시 사신 주님이 천성을 주신다
부생활자사천성

93

춘향 신심 (자유시)　　　2025.2.12

첫눈에 반했지요
그네 타다가
영안이 확 열리며
믿어졌어요

꿈같이 흘러가던
행복한 그날
돌아오마 말하곤
떠나셨지요

그 후의 유혹 시험
견디던 나는
사또가 핍박해도
죽으려 했소

그러나 재림 어사
출도하실 때
악마는 결박되고
주 날 품지요

춘향 신심 (시조)

춘향이 믿음으로 연애해 행복하나
정조를 잘 지켜서 유혹을 이길 때에
주님이 다시 오셔서 참사랑을 주신다

春香信心 (춘향 신심/漢詩)
　춘 향 신 심

春香持信賴　춘향이 믿음을 얻고
춘 향 지 신 뢰

戀情付樂思　연애가 행복을 주나
연 정 부 낙 사

貞操勝誘惑　정조가 유혹을 이길 때
정 조 승 유 혹

主恁賜眞慈　주님이 참사랑 주신다
주 임 사 진 자

춘향 신심

첫 눈에 반했지요
그네 타다가
영안이 확 열리여
믿어졌어요

꿈 같이 흘러가던
행복한 그 날
돌아오마 말하곤
떠나셨지요

그 후의 유혹 시험
견디던 나는
사또가 핍박해도
죽으려 했소

그러나 재림 어사
출도 하실 때
악마는 결박 되고
주 날 품지요

살고 싶다 (자유시)   2025.2.19

강변의 잔디밭에
예쁜 집 지어 놓고
내 님과 물새처럼
한평생 살고 싶다

비 오면 시를 지어
붓으로 그걸 쓰고
시 내용 그리면서
사랑을 담고 싶다

그러나 이 세상은
악마가 활개치고
돌밭과 수렁이며
눈물이 앞 가리니

차라리 하늘나라
꽃집에 어서 가서
주님과 사랑하며
영원히 살고 싶다

살고 싶다 (시조)

강변의 둥지에서 시서화 사랑 피나
험악한 세상에선 모두를 내어 모니
차라리 천국 어서 가 주와 사랑 꽃피리

想活 (살고 싶다/漢詩)
상 활

江側美宅抱戀情　　강가의 예쁜 집이 연정인을 품고
강 측 미 택 포 연 정

詩書畵愛産平生　　시서화 사랑이 평생을 낳으나
시 서 화 애 산 평 생

險惡世上除全部　　험악한 세상이 모두를 내모니
험 악 세 상 제 전 부

與主任慈蘂永城　　주님과의 사랑이 영생 성을 꽃피우리
여 주 임 자 예 영 성

97

물이 삶이다 (자유시)　　　　2025.2.26

바다가 너무 보고 싶어서
바쁘게 흐르는 물에
꿈 성취 만나고 싶어서
달려가는 삶이 비친다

대소간 웅덩이 모양대로
다소곳이 담겨 있는 물에
좋든 나쁘든 환경 그대로
적응하는 삶이 담겨있다

시궁창에 갇혀 고인 채로
그냥 썩고 있는 물에
불운의 골짜기에 빠져서
비참하게 죽는 삶이 있다

허나 정한 수증기 돼 올라
비가 돼 새로 내리는 물에
정한 영혼이 천국에 올라
영생하는 새 삶이 보인다

물이 삶이다 (시조)

바쁘게 흐르는 물 달리는 삶 비추고
그릇에 담긴 물은 적응 삶 담아주나
안 썩고 수증기 된 물 천국 영생 알린다

水是生 (물이 삶이다/漢詩)
수 시 생

深忙流液暎奔程　바삐 흐르는 물은 달리는 삶의 여정을 비추고
심 망 유 액 영 분 정

捄器皿江標化行　그릇에 담긴 물은 적응하는 삶의 행로를 표하고
구 기 명 강 표 화 행

坑腐敗河知死活　시궁창의 썩는 물은 죽는 삶을 알려주나
갱 부 패 하 지 사 활

水烝氣湜示天生　수증기 돼 맑은 물은 천국 영생 삶을 보인다
수 증 기 식 시 천 생

물이 삶이다

바다가 너무 보고 싶어서
빠르게 흐르는 물에
꿈 성취 만나고 싶어서
달려가는 삶이 비친다

대 소 간 웅덩이 모양대로
다소곳이 담겨 있는 물에
좋든 나쁘든 환경 그대로
적응하는 삶이 담겨있다

시궁창에 갇혀 고인채로
그냥 썩고 있는 물에
불운의 골짜기에 빠져서
비참하게 죽는 삶이었다

허나 정한 수증기 돼 올라
비가 돼 새로 내리는 물에
정한 영혼이 천국에 올라
영생하는 새 삶이 보인다

소유와 사랑 (자유시)　　　2025.3.5

아빠가 큰돈 벌러 떠난 밤 홀로 남았다
숲속의 짐승 소리에 숨는 고아가 됐다
집도 밥도 이불 소유도 없는 것과 같아
불안의 골짜기에서 떨고 있는 꼴이다

그런데 님이 그 밤에 찾아왔다
그동안의 추억 속 달콤함과 함께
엄마 품과 동무 놀이와 주 만나 느끼던
사랑의 무지갯빛 기쁨이 왔다

그러나 불안한 생각이 더 크다
아빠가 전 재산을 잃고 오지는 않을까
위험한 일을 말렸어야 했을까
소유 근심이 사랑 기쁨을 덮는다

헌데 아빠가 괴한에게 죽어 돌아왔다
모든 소유도 장례식을 치렀다
그때 힘들어 주님과 님의 품에 안기자
주님과 님의 사랑이 천국 소유를 준다

소유와 사랑 (시조)

무소유 불안 주고 사랑이 기쁨 주나
소유욕 포로 되면 사랑을 버리지만
사랑은 주님 주시는 큰 소유를 부른다

所有與愛情 (소유와 사랑/漢詩)
소유여애정

無財予不便　무소유는 불편을 주고
무재여불편

情愛給歡昭　사랑이 기쁨을 주지만
정애급환소

所慾犧戀志　소유욕이 사랑을 포기하나
소욕희연지

慈悲請富饒　사랑이 소유를 부른다
자비청부요

어서 오르자 (자유시)   2025.3.12

등산길 스친 바람 앞서 달린다
저 높은 곳을 향해 어서 오르자
바람만 달리는가
마음도 달려간다

산정 위 하늘나라 얼마나 멀까
저 높은 곳을 향해 어서 오르자
멀기만 한 것인가
눈에도 안 보인다

오르는 내 걸음을 땅이 잡지만
저 높은 곳을 향해 어서 오르자
땅들만 붙잡는가
죄악도 붙잡는다

산길 앞 나무 위의 산새 부른다
저 높은 곳을 향해 어서 오르자
산새만 부르는가
주님도 부르신다

어서 오르자 (시조)

산정은 몸 이끌고 천국이 맘 부르나
죄악이 내 발목을 붙잡고 늘어져도
주님이 연약한 나를 도우시며 부른다

快上去吧 (어서 오르자/漢詩)
쾌 상 거 파

山頂牽身體　산정은 몸을 이끌고
산 정 견 신 체

天園呼臆靈　천국은 마음을 부르는데
천 원 호 억 령

罪惡拏足頸　죄악이 발목을 붙잡지만
죄 악 나 족 경

主恁引頹丁　주님이 약자를 이끄신다
주 임 인 퇴 정

사자 (자유시)

2025.3.19

동물의 왕이라고 불리는 사자
왕 이빨과 발톱을 드러내며 덤벼들 때
그 벼락 힘과 번개 속도를 피하며
살아남을 수 있는 자가 과연 있을까

거기다 뿜는 화산 불같은 너의 갈기
그 산적 두목 수염 휘날리며
20리를 떨게 만드는 포효가 천둥 칠 때
그 위세에 누가 오줌을 안 지릴까

그런데 우울한 듯한 네 표정은 뭐지
동류와의 심한 싸움 때문인가
사람 총 앞에서 쥐새끼가 돼서인가
아니면 우리 속의 죄수 된 서글픔인가

아니야, 네 눈 속에 가만히 들어가 보니
지혜자 사람과 사랑 사육사 사람과
주가 사랑으로 주신 영혼을 통해
주를 사랑하는 사람이 부러워서구나

사자 (시조)

동물의 황제 사자 초능력 가지고서
수염과 포효 통해 위협을 주지만은
사랑의 인간 보고서 부러워만 하누나

獅子 (사자/漢詩)

動物之王取力其　동물의 왕이 힘 뿌리를 갖고
동물지왕취역기

鬚髯咆哮付威姿　수염 포효가 위협을 주는데
수염포효부위자

憂悲表面予疑問　우울한 표정이 의문을 주나
우비표면여의문

慈愛人間賜慕思　사랑의 인간이 사모를 줘서구나
자애인간사모사

105

세 망령 (자유시)   2025.3.26

빵을 공유만 하면 다 잘 먹고 살게 된다는
그 이론에 매료되어 유토피아를 꿈꿨다
그러나 죽기 살기로 만드는 개인 빵보다
불곰국의 공유 빵은 자꾸 작아져 망했다

노동자를 개돼지로 부리는 괴물 독재를
북쪽 호랑이국이 70년 동안 자행했다
그 이론의 철저 실현을 위해 그랬지만
억지로 만든 빵은 가장 작아져서 망했다

실망한 맹신자들이 본 새 빛도 꺼져간다
흰 고양이 탈 쓰고 쥐만 잡으면 된다 하고
쥐를 잡아 잘 먹고 살게 된 그 판다국마저
검은 고양이 본색 드러나자 망해 간다

이상의 세 망령에 대한 미련 뿌리칠 때다
빵보다 하나님을 붙잡는 믿음이
내 고을로부터 온 세상에 퍼질 때만
하나님 통치로 온 세상이 유토피아 된다

세 망령 (시조)

이론만 자랑하는 공산당 독재 체제
위선적 경제 부흥 세 망령 멸망하나
하나님 통치로써만 영원 천국 얻는다

三亡灵 (세 망령/漢詩)
삼 망 령

共産主義衒理元　공산주의는 이론을 자랑하나
공 산 주 의 현 이 원

獨裁經營示退墦　독재 경영은 쇠락을 보이고
독 재 경 영 시 퇴 번

僞善三灵當滅絶　위선적 세 망령 멸망을 당하나
위 선 삼 령 당 멸 절

父神統治賜天園　하나님 통치가 천국을 준다
부 신 통 치 사 천 원

세 망령

빵을 공유만 하면 다 잘 먹고 살게 된다는
그 이론에 매료되어 유토피아를 꿈꿨다
그러나 죽기살기로 만드는 개인 빵 보다
불공국의 공유빵은 자꾸 작아져 망했다

노동자를 개 돼지로 부리는 괴물 독재를
북쪽 호랑이 국이 70년 동안 자행했다
그 이론의 철저 실현을 위해 그랬지만
억지로 만든 빵은 가장 작아져서 망했다

실망한 맹신자들의 본 새 빛도 꺼져간다
흰 고양이 탈 쓰고 쥐만 잡으면 된다 하고
쥐를 잡아 잘 먹고 살게된 그 판다국 마저
검은 고양이 본색 드러나자 망해간다

이상의 세 망령에 대한 미련 뿌리칠 때다
빵 보다 하나님을 붙잡는 믿음이
내 고을로 부터 온세상에 퍼질 때만
하나님 통치로 온세상이 유토피아 된다

조신의 꿈 (자유시)   2025.4.2

조신은 연모 여인을 달라고 기도했으나
남에게 간 줄 알고 신 원망하다 잠들었다
무지개 붙잡기를 소원했으나
무지개를 쫓아낸 해가 미워 눈을 감았다

그런데 그 여인이 나타나 사랑 고백하니
같이 도망가 꿈같은 나날을 보낸다
달덩이가 가슴속에 들어와
안고서 달빛 속 꿈길 속을 거닌다

허나 40년 가난 가정 자녀까지 굶어 죽자
남은 자녀 살리려고 나눠 맡아 이별한다
달은 지고 칠흑 같은 밤에 짓눌려
추위와 헐벗음과 배고픔에 쓰러져 운다

울다가 깨어 보니 꿈이다 인생무상이다
아침 햇빛이 애욕과 인생의 헛됨 알린다
그렇다면 참되고 영원한 게 뭐냐
절대 사랑과 행복 주시는 천국뿐이구나

조신의 꿈 (시조)

조신이 연모하던 여인과 결혼한 후
꿈같은 며칠 후엔 고난의 평생 되니
그 꿈을 깨어난 그가 바라본다 천국을

調信之夢 (조신의 꿈/漢詩)
조 신 지 몽

戀女調信爲祝恩   여인 연모하는 조신이 기도를 하고
연 녀 조 신 위 축 은
結婚夫婦活夢魂   결혼한 부부가 꿈같은 삶을 사나
결 혼 부 부 활 몽 혼
無心世上予窮乏   무심한 세상이 궁핍을 주므로
무 심 세 상 여 궁 핍
寤睡眠人觀昊園   그 잠에서 깬 자가 천국을 바라본다
오 수 면 인 관 호 원

역사 한 줄 (자유시)　　　2025.4.9

하루를
살았다
역사 한 줄이
쓰여졌다

시 한 편을
읊었다
역사 한 줄이
예뻐졌다

고민거리가
생겼다
역사 한 줄이
캄캄해졌다

하나님이
바라보셨다
역사 한 줄에
빛이 오셨다

역사 한 줄 (시조)

하루가 역사 쓰고 시 한 편 꽃 그릴 때
고민이 흑암 천지 만들어 괴롭혀도
하나님 빛을 비추어 신천지를 주신다

歷史一行 (역사 한 줄/漢詩)
역사일행

一日書歷史　하루가 역사를 쓰고
일 일 서 역 사

詩文畵美精　시문이 아름다움을 그릴 때
시 문 화 미 정

苦難予黑暗　고난이 흑암을 주지만
고 난 여 흑 암

天父照光明　하나님이 빛을 비추신다
천 부 조 광 명

수석의 향수 (자유시)   2025.4.16

수석의 향수가
애처롭다
물가를 네가 떠난 지가
얼마나 됐을까

강물로 몸을 씻으며
미모를 다듬고서
햇빛에 자랑하며
바람과 웃으며 놀더니

보쌈당해 장식장 갇혀
나를 다시 보내 달라고
아우성을 치다가
답답해서 굳어졌구나

안타까워 널 데리고
나도 세상 감옥 떠나
에덴동산 본향 가서
주님과 함께 놀고 싶다

수석의 향수 (시조)

강물에 씻긴 수석 웃음을 날리더니
장 속에 갇히어서 아우성치는구나
나두야 세상 감옥서 천국 향수 잠긴다

水石鄉愁 (수석의 향수/漢詩)
<small>수 석 향 수</small>

洗河美貌汆听元　물로 씻은 미모가 웃음을 날리더니
<small>세 하 미 모 탄 은 원</small>

拘留欌其叫痛言　장에 갇힌 그가 아우성을 치는구나
<small>구 류 장 기 규 통 언</small>

水石鄉愁興救恤　수석의 향수가 동정심을 일으키니
<small>수 석 향 수 흥 구 휼</small>

悲愛自己向天園　안타까운 나도 천국 동산을 향한다
<small>비 애 자 기 향 천 원</small>

수석의 향수

수석의 향수가
애처롭다
물가를 네가 떠난 지가
얼마나 됐을까

강물로 몸을 씻으며
미모를 다듬고서
햇빛에 자랑하며
바람과 웃으며 놀더니

보쌈 당해 장식장 갇혀
나를 다시 보내 달라고
아우성을 치다가
답답해서 굳어졌구나

안타까워 널 데리고
나도 세상 감옥 떠나
에덴 동산 본향 가서
주님과 함께 놀고 싶다

나의 삶 (자유시)   2025.4.16

나의 삶은 하루살이입니다
님의 손으로 받쳐 주세요
나는 그 자비에 사뿐히 앉아
언제나 거길 뜨진 않을 겁니다

나의 삶은 강물입니다
님의 배를 띄워 주세요
나는 내 님만을 모시고
끝까지 바다까지 따를 겁니다

나의 삶은 허나 괴물입니다
님의 눈을 가려 주세요
나는 때론 내 님을 떠나
시궁창에 빠져 회개할 겁니다

나의 삶은 사실 구도자입니다
님의 품에 안아 주세요
나는 결국 주님 품에 안겨
영원한 사랑을 노래할 겁니다

나의 삶 (시조)

나의 삶 하루살이 주님의 손에 앉고
강물로 주 태우며 괴물 돼 주 떠나나
구도자 나의 삶 결국 주의 품을 얻는다

我的生 (나의 삶/漢詩)
　아 적 생

蝣虫乘恁手　하루살이는 님의 손을 타고
　유 충 승 임 수

江水氽其船　강물은 그의 배를 띄우며
　강 수 탄 기 선

怪物離神目　괴물은 신의 눈을 떠나나
　괴 물 이 신 목

道人得主圈　구도자는 주의 품을 얻는다
　도 인 득 주 권

참으로 좋다 (자유시)　　　　2025.4.23

그대가 사람인 것이 좋다
만물 위에서 빛나는 영장이라
아름답고 사랑스런 인격체라
목석 아닌 사람이라 좋다

거기 있는 것 자체가 좋다
텅 빈 내 삶을 채워 주고
내 맘에 비 올 때 햇빛이 되며
공간 다 채워 줘 든든하니 좋다

그런데 종종 수렁에 빠져 싫다
질병 가난 불화 사망의 수렁에
그대 빠져 내 앞도 캄캄해지고
왠지 몰라 어리둥절할 때 싫다

허나 그때 주를 보니 너무 좋다
결국 더 좋은 꽃과 열매 주시러
하늘 열고 오시는 주님 보는 눈
그때 열리니 나는 참으로 좋다

참으로 좋다 (시조)

그대가 사람임을 나는야 좋아하고
당신이 존재함을 너무나 기뻐한다
수렁에 빠진 그대의 구원주가 참 좋다

眞好 (참으로 좋다/漢詩)
진 호

我好伊人間　　나는 좋아한다 그대가 사람임을
아 호 이 인 간

吾歡您在前　　나는 기뻐한다 당신이 거기에 있음을
오 환 니 재 전

余嫌而沒溼　　나는 싫어한다 그대가 수렁에 빠짐을
여 혐 이 몰 밤

予喜爾觀天　　나는 좋아한다 당신이 주를 보는 것을
여 희 이 관 천

밤과 하늘 (자유시)　　　　　　2025.4.30

밤은 어두워진 검은색 하늘이다
해가 지구 뒤에 숨자 검은 밤이 온다
각종 색깔이 다 검은색이 된다
그 검은색 어둠이 온 하늘을 덮는다

내 집은 수많은 별 중 하나이다
밤이 되자 사람들마다 집으로 간다
나도 내 집을 찾아 부지런히 간다
수많은 별 중에 내 별을 찾는다

잠은 다 가려 버리는 구름이다
집에 와 멈춘 심신 가리려 잠이 온다
몸이 죽음처럼 멈출 때
의식도 잠의 구름이 다 가려 덮는다

꿈은 구름을 피하여 나온 달이다
잠 속을 벗어난 꿈은 시공 초월이다
천국까지 가서 하나님을 만난다
달덩이 행복이 꿈꾼 얼굴 웃게 한다

밤과 하늘 (시조)

하늘의 많은 별과 구름 속 달 비칠 때
어둔 밤 집에 가서 잠자며 꿈을 꾼다
달덩이 얼굴 내밀듯 보여 준다 천국 꿈

夜與天 (밤과 하늘/漢詩)
야 여 천

黑昊肖冥夜　검은 하늘이 어둔 밤을 닮고
흑 호 초 명 야

多星意我宮　많은 별이 우리들 집을 뜻하며
다 성 의 아 궁

濃雲標深睡　짙은 구름이 깊은 잠을 표할 때
농 운 표 심 수

明月示天夢　밝은 달이 하늘 꿈을 보인다
명 월 시 천 몽

시서화의 기쁨 (자유시)   2025.5.14

실눈을 뜨고서 시를 짓는다
하늘과 땅과 사람을 보며
드라마를 쓴다
사랑을 찾으며 웃는다

그 시를 글로 쓰며 그릴
그림을 찾는다
천지와 세상을 다 살펴 찾은
시의 짝을 자꾸 보며 즐겁다

밑그림은 늘 맘에 안 든다
그때는 우울해진다
이 못난 배 속에서 진통 중에
예쁜 아이 과연 나올까

그러나 그림 완성될 때마다
하나님 응답 주셨음을 안다
도우며 시서화에 들어오신
하나님 사랑 때문에 기쁘다

시서화의 기쁨 (시조)

시인이 웃으면서 시서화 시작하고
시 그림 찾으면서 즐거움 느끼는데
밑그림 주님 고쳐서 사랑 그림 주신다

詩書畵樂 (시서화의 기쁨/漢詩)
시 서 화 락

詩創作者標微笑　시를 짓는 자가 웃음을 지으며
시 창 작 자 표 미 소

探韻畵人持喜思　시 그림 찾는 자가 즐거움을 갖지만
탐 운 화 인 지 희 사

所湯繪圖予失望　바탕 그림이 실망을 주나
소 탕 회 도 여 실 망

完成其景賜神慈　완성 그림이 하나님 사랑을 준다
완 성 기 경 사 신 자

나의 가을 (자유시)   2025.5.28

사과 열매 열리는 나의 가을을 기다린다
정원의 풍채 좋은 멋쟁이 사과나무
그 연분홍 꽃이 피는 봄이 예쁘다
허나 벌 나비 유혹하는 몸짓일 뿐이다

사과의 붉은빛이 보름 달덩이처럼 익는
나의 가을을 기다린다
꽃 사이 벌 나비와 바람 바삐 오가는 것도
모두 꽃가루 수정시키는 수작일 뿐이다

그 꽃마저 떨어질 때 내 맘도 낙엽 되며
사과를 영 못 볼 것 같은 불안이 엄습한다
그러면 나의 사계절은 다 없는 것이다
나의 가을을 정말 못 볼까 봐 운다

그런데 꽃받침 자라며 거기에 열매가
여름에 푸르게 자라 가을에 붉게 익는다
사실은 다 하나님이 결실 주시는 것이다
하늘나라 결실 나의 가을을 보며 웃는다

나의 가을 (시조)

분홍 꽃 벌 나비를 유혹해 수정하다
낙화돼 나의 마음 울리며 매정해도
하나님 결실 주셔서 나의 가을 맞는다

余秋 (나의 가을/漢詩)
여 추

繽秀迷蜂蝶　　분홍 꽃이 벌 나비를 유혹하고
훈 수 미 봉 접

春風運粉球　　봄바람이 꽃가루를 옮기며
춘 풍 운 분 구

落花泣我思　　낙화가 내 마음을 울려도
낙 화 읍 아 사

天父賜余秋　　하나님이 나의 가을을 주신다
천 부 사 여 추

봄날의 바램 (자유시)   2025.6.4

새싹 보며 쓰다듬는 봄바람처럼
꽃 보며 속삭이는 봄볕처럼
비 온 뒤 해맑아진 공기를 뚫고
창공을 웃음으로 바라보고 싶다

재잘대며 춤추는 시냇물처럼
두 팔 벌려 봄비 맞이한 농부처럼
어둠 걷힌 먼 산 위서 손짓하는
창공에 날음질해 가 보고 싶다

허나 눈보다 귀에 더 크게 들리는
시장 바닥 욕심 파는 총소리들이
순진한 내 가슴을 피 흘리게 하고
하늘보다 땅과 지옥을 보게 한다

차라리 눈과 귀 모두 닫아 버리고
맘속으로 들어가 영안을 열고
나를 사랑하시는 주님 얼굴 보며
주님을 사랑한다고 말하고 싶다

봄날의 바램 (시조)

봄날은 해맑아진 하늘을 보여 주나
세상은 순진해진 내 가슴 찔러 대니
영안이 사랑의 주님 허락한다 나에게

春日望 (봄날의 바램/漢詩)
춘일망

春日示淸昊   봄날은 해맑은 하늘을 보이고
춘일시청호

命生向呼天   생명은 부르는 하늘을 향하나
명생향호천

世流衝純臆   세상이 순진한 가슴을 찌르니
세류충순억

靈眼許慈泉   영안이 사랑의 샘 주를 허락한다
영안허자천

125

여기가 거긴가 (자유시)　　　2025.6.11

여기가 눈에서 폭포수를 쏟은 곳일까
저기가 희망의 맘 문을 닫은 자리일까
저 수술실 앞자리가 머리를 떨구거나
혹은 가슴 쓸어내리며 일어선 곳일까

진료실, 수술실, 중환자실, 영안실
오가며 합격 발표 애타게 기다리다가
선고가 내려질 때 저곳은
마음이 꺼지고 한이 맺혀 버린 곳일까

생명이 정지하는 완전 절망에
정겹던 관계 끝장나 버려 돌아서던 곳
아린 가슴 끌어안고 앞이 캄캄해
신세 한탄하며 주저앉던 곳은 아닐까

그러나 저런 죽음과 이별보다
더 큰 수렁에 빠져 영원히 괴로워하며
저들 거기서 하늘나라 확보 못 한 것
영원사랑 못 찾은 것 애통하지 않을까

여기가 거긴가 (시조)

절망이 울음 주고 중환이 생명 끊어
인생이 정지되고 이별을 고할 때에
신 없어 영원사랑이 배신하며 떠난다

當所安其處 (여기가 거긴가/漢詩)
당소안기처

絶望予哭涙　　절망이 울음을 주고
절망여곡루
諦念招言沈　　체념이 침묵을 부르며
체념초언침
重患切生命　　중환이 생명을 끊고
중환절생명
手治奪活林　　수술이 삶을 빼앗으며
수치탈활림
人壽告停止　　인생이 정지를 고하고
인수고정지
係關給別陰　　관계가 이별을 줄 때
계관급별음
無神防來世　　신 없음이 내세를 막고
무신방내세
愛福離其心　　사랑 행복이 그 맘을 떠난다
애복이기심

여기가 거긴가

여기가 눈에서 폭포수를 쏟은 곳일까
저기가 희망의 맘 문을 닫은 자리일까
저 수술실 앞자리가 머리를 떨구거나
혹은 가슴 쓸어내리며 일어선 곳일까

진료실, 수술실, 중환자실, 영안실
오가며 합격 발표 애닯게 기다리다가
선고가 내려질 때 저 곳은
마음이 꺼지고 한이 맺혀버린 곳일까

생명이 정지하는 완전 절망에
정겹던 관계 끝장나버려 돌아서뭇
아린 가슴 끌어안고 앞이 깜깜해
신세 한탄하며 주저앉던 곳은 아닐까

그러나 저런 죽음과 이별 보다
더한 수렁에 빠져 영원히 괴로워하며
저들 거거서 하늘나라 확보 못한 것
영원 사랑 못 찾은 것 애통하지 않을까

이별의 눈물 (자유시)   2025.6.11

창가에 기대 앉아
눈물을 글썽인다
여길 떠나야만 해
그를 잊어야만 해

가는 길에 울다가
어이없어 웃는다
운명처럼 바람도
눈물마저 말린다

꺼내 본 사진 속에
빛바랜 추억 보며
텅 빈 가슴속에다
남은 눈물 삼킨다

그때 가슴 밑에서
내가 있잖아 하며
주님이 속삭이자
펑펑 울며 안긴다

이별의 눈물 (시조)

이별이 눈물 주자 바람이 눈물 씻고
사진 속 추억들이 슬픔을 삼키지만
주 사랑 통곡을 주며 품에 안아 주신다

訣淚 (이별의 눈물/漢詩)
결 루

離別付悲哀　이별이 슬픔을 주자
이별부비애

路風晞水谷　길 바람이 눈물 계곡 말리고
노풍희수곡

寫眞吞淚情　사진이 눈물 감정을 삼키나
사진탄루정

主愛予長哭　주 사랑이 통곡을 주신다
주애여장곡

내 고향 (자유시)   2025.6.18

내 고향 용기네 집 대문 앞 공터에
아이들 황금빛 솜옷 햇볕 입고
놀이동산이 울고 갈 자치기하며
신방 기쁨도 낙심할 재미 좇았지

형님의 반 짐차 자전거 타고
온 사방을 두루 헤매는 봄바람 돼
수채화의 무지갯빛 꿈을 찾아서
소년은 길이란 길은 다 싸돌았지

허나 삶의 길 막히자 절망 귀신 와
청소년 가두고 밤낮 잠만 재우다
그 우울증 저승사자 자살 유혹해
지옥행 낭떠러지로 가고 있었지

그때 언덕 위 교회서 구원 주님이
나를 불러 하늘색 소망 주셔서
열등감 멸한 다윗 왕 자존감 품고
대사명 꿈을 먹고사는 청년 됐지

내 고향 (시조)

재미가 아이들을 모아서 놀이하고
단꿈이 소년 하나 태우고 돌아칠 때
큰 사명 하나님 통해 청년에게 임했다

我的故鄉 (내 고향/漢詩)
아적고향

娛樂集兒衆　　재미가 아이들을 모으고
오락집아중

虹希搭少員　　무지개 꿈이 소년을 태우자
홍희탑소원

自亡迷幼者　　자살이 청소년을 유혹하나
자망미유자

大命捕靑年　　큰 사명이 청년을 사로잡았다
대명포청년

사랑나라 건설 (자유시)　　　2025.6

피노키오를 할배가 사랑 대상으로 지어
천사가 생명 주자 곧 거짓말해 코 커졌고
인간 창조 때도 사랑 관계 위해 신이 주신
자유의지로 되레 배신 범죄해 추방됐다

나무 인형이 악행 때 벌 받는 율법 받고도
선하게 할배에게 돌아가지 않았고
인간에게 사랑 율법 줘 사랑 기대하셔도
마음 사랑 없는 위선적 행위뿐이었다

인형이 악마 꾐에 계속 빠져 죄를 짓다가
귀와 꼬리까지 커지자 절망에 빠졌고
인간도 욕심의 영 마귀 나라에 추방돼
욕심으로 죄와 형벌 지옥 쪽으로만 갔다

허나 인형이 자길 찾다가 고래 배 속 빠진
할배를 목숨 걸고 구해 사랑 낙원 얻었고
인간도 주 십자가 대속 희생 사랑을 믿고
감격해 주를 사랑할 때 사랑 천국 얻는다

사랑나라 건설 (시조)

인간이 자유의지 받아서 범죄하고
사랑 법 받은 후도 욕심에 망하지만
대속의 사랑 믿으면 사랑나라 얻는다

愛國的建設 (사랑나라 건설/漢詩)
애국적건설

得自由人被罪罰　자유의지 얻은 인간이 죄와 벌을 받고
득자유인피죄벌

取憐法者行佯仙　사랑 율법 받은 자가 위선 행위만 하며
취련법자행양선

魔貪中厥之坤獄　마귀 욕심 속의 그가 지옥을 향하나
마탐중궐지곤옥

信贖慈存獲愛天　대속 사랑 믿는 존재는 사랑 천국 얻는다
신속자존획애천

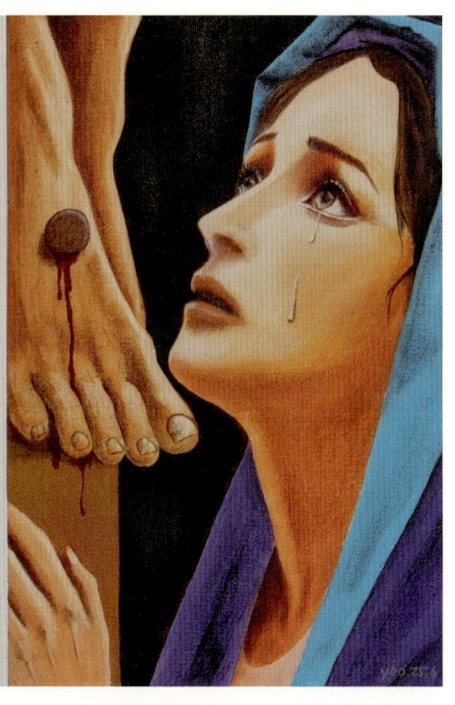

사랑나라 건설

ⓒ 유진형, 2025

초판 1쇄 발행 2025년 7월 22일

지은이	유진형
펴낸이	이기봉
편집	좋은땅 편집팀
펴낸곳	도서출판 좋은땅
주소	서울특별시 마포구 양화로12길 26 지월드빌딩 (서교동 395-7)
전화	02)374-8616~7
팩스	02)374-8614
이메일	gworldbook@naver.com
홈페이지	www.g-world.co.kr

ISBN 979-11-388-4514-4 (03230)

- 가격은 뒤표지에 있습니다.
- 이 책은 저작권법에 의하여 보호를 받는 저작물이므로 무단 전재와 복제를 금합니다.
- 파본은 구입하신 서점에서 교환해 드립니다.